比较

No.1, 2014

70

COMPARATIVE STUDIES

吴敬琏 主编

中信出版社
CHINA CITIC PRESS

比较

COMPARATIVE STUDIES

主管 中信集团

主办 中信出版股份有限公司

出版 中信出版股份有限公司

主编 吴敬琏

副主编 肖梦 吴素萍

编辑部主任 孟凡玲

编辑 包敏丹

封面设计 李晓军 / **美编** 杨爱华

经营部

总经理 吴传晖（兼）

常务副总经理 张翔

总经理 董光明

华东/华南总经理 汪弘彬

高级市场总监 金楠

市场总监 戈悦

发行总监 邱道姗

设计总监 石乐凯

品牌传播总监 马玲

独家代理： 财新传媒有限公司

电话：（8610）85905000 **传真：**（8610）85905288

广告热线：（8610）85905088 85905099 **传真：**（8610）85905101

电邮： ad@ caixin. com

订阅及客服热线： 400-696-0110（8610）58103380 **传真：**（8610）85905190

香港地区订阅热线：（00852）21726522

订阅电邮： circ@ caixin. com **客服电邮：** service@ caixin. com

地址： 北京市朝阳区西大望路 1 号温特莱中心 A 座 16 层（**邮编：** 100026）

卷首语

2014年及未来几年面临的最大挑战，就是如何落实十八届三中全会《决定》做出的各项改革部署。根据国内外的经验，改革的成功实施至少有赖于两个条件：一是明确目标。以反腐为例，老虎本身只是权力不受限制的一个结果，如果把打老虎视为目标，而不尽早着力解决能把“权力关进笼子”的制度问题，就会出现“打了一只老虎，还有后来虎”，戏剧性的事件离反腐的真正目标有距离。“笼子”，无外乎主编吴敬琏所说的三个东西：法治、民主和宪政。这是市场发挥决定性作用的根本制度保障，否则政府与市场的边界就无法合理界定，权钱交易就时刻腐蚀着社会、政治和经济。二是根据目标，制定切实可行的改革方案。用经济学术语来说，改革方案是激励相容的，可实施且帕累托改进的，这样，改革不仅能赢得初始的支持，为自身开辟道路，还能因此而持续深入。本辑《比较》围绕着改革实施这个话题，选取相关文章，供关注改革实施和改革方案设计的读者们参考、借鉴。

麻省理工学院达龙·阿西莫格鲁教授和哈佛大学詹姆斯·罗宾逊教授因《国家为什么失败：权力、繁荣和贫困的根源》一书广为人知，该书试图探索经济和政治之间的相互影响，以及什么样的经济和政治制度决定了一国的可持续发展和繁荣。“经济学VS政治学：政策建议的误区”延续了他们“经济和政治相互影响”的观点，通过一个简单的理论模型和许多案例，说明旨在纠正市场失灵的经济政策往往会改变特定政治团体的经济租金，或者改变他们的收入分配，结果造成了政治上不利的后果；而且，由于政治家的激励相容约束条件得不到满足，许多这类理想化的政策在执行过程中遭到事实上的扭曲，结果无论经济还是政治都事与愿违。这篇文章，对处于向现代市场经济转型过程中的国家提供了重要的思考，对当前中国经济改革的设计和实践也具有现实的启发价值。

诺贝尔经济学奖评委会前主席托尔斯滕·佩尔松和意大利经济学家圭多·塔贝里尼的“宪政与经济政策”一文主要讨论宪政如何影响经济政策的制定。他们首先归纳了宪政的两个最基本特征：选举规则和政府形式。然后，在此基础上，说明相关的宪政元素如何影响政府的可问责性、政治租金和腐败的规模，以及政府的代表性和各种财政政策选择。例如，可以分为多数制和比例制，而这其中的选票结构、选区规模和选举公式等具体细节，都会直接影响政客的激励，进而影响经济政策的制定。理论和经验研究表明，选举规则中的简单多数制通过强化政客取悦选民的激励加强了问责制，并促使政治租金降低、腐败现象减少。但这也令政治候选人更积极回应关键选民群体的意愿，使他们更有可能在利益上偏袒部分选区，而且会牺牲福利国家支出和一般公共产品这类能惠及更多人群的项目。在这里，我们可以看到，宪政不是一个“高大上”的理念，而是由具体规则构成的一整套制度安排，它的细节决定它的成败。

移民问题从来不是中国关注的大问题，那是发达国家头疼的事。然而，人们从贫穷国家潮水般涌入富裕国家，从事各种各样的工作，其实与我们的农民工有着非常类似的窘况。到底怎么看待移民，是负担、是收益，是对贫穷国家的穷人的更大不公，还是什么……华盛顿智库全球发展中心的资深研究员迈克尔·克莱门斯要讨论的正是移民给全球经济带来的收益。虽然相比于过去，全球劳动力流动的自由度已经大大提高，但是依然存在着很多壁垒，克莱门斯提供的研究数据表明，通过消除贸易政策和资本流动壁垒，估计的收益不到世界 GDP 的百分之几，而消除劳动力流动壁垒，估计的收益通常在世界 GDP 的 50%—150% 之间。即使综合考虑移民对原籍国和移入国工资的影响以及其他因素，移民流动带来的收益也将达到全球 GDP 的 20%—60%。鉴于此，克莱门斯认为，“国际移民”应该成为经济研究优先关注的焦点，以便更好地理解全球劳动力流动收益的特征，探究实现部分收益的政策工具。为此，他提出了一个包含四个问题的研究议程。这不由让我们想到，当国内学者们在讨论中国的城市化和人口迁移问题时，首先想到的，往往是移入人口带给城市的负担，而很少研究他们可以给整个国家经济带来的大量收益。在这个意义上说，克莱门斯的研究对于我们研究城市化过程中的国内移民问题具有重要的启发意义。

哈佛大学经济学教授爱德华·格莱泽的研究横跨多个领域，从制度经济学、公司治理、转轨经济学、法和经济学到城市经济学。他关于城市经济学的著作《城市的胜利》广获好评。在“城市的经济学分析”一文中，格莱泽探析了城市的经济学分析的关键要素。首先，城市经济学分析依赖于三大经济学支柱：激励机制、无套利均衡，以及好的政策能够拓宽个人的可选择范围。人们经常错误地认为，经济学家所说的激励单指经济激励，其实更重要的是人们对激励作出的反应。城市经济学的理论核心——空间均衡概念，可以帮助我们更好地理解城市之间的生产率差异、收入差异以及城市中的住房市场。城市经济学分析还非常注重经验研究，帮助我们找到影响城市发展的各种相关因素。作者在谈到城市经济学的政策处方时，特别指出，其核心观点是以人为本：“对大多数经济学家来说，能营造一个美丽的城市却不增加个人福利的城市政策，并没有吸引力。在他们看来，给人们带来的收益大于成本的政策才是有意义的……这一点使经济学家有别于某些重建设的城市规划者和以地方为本的政客。”

全球金融危机的影响至今仍未消退，美国经济增长的前景牵动着全球经济的神经。即使在美国国内，也是意见不一，既有乐观者，也不乏悲观者。伯克利加州大学的布拉德福德·德龙教授无疑是乐观派，针对克鲁格曼、罗伯特·戈登、泰勒·科文和布林克·林德赛等一干重量级经济学家的“技术—增长停滞论”，德龙教授提出了八条反驳意见，并认为美国可以继续维持实际人均 GDP

每年增长 1.7% 的趋势，如果能正确衡量欧美国家的物质福利水平，就意味着能达到 3% 的年增长率。在他看来，美国在长期内保持稳定的经济增长，面临的最大问题并非创新枯竭、技术停滞，而是制度设计。因为市场仍在产生原有的激励，鼓励人们不断创新，不断提高效率。他告诫说，过度关注实际 GDP 的增长及其可能出现的放缓前景，会导致政策决策陷入恐慌，反而带来并非真正想要的结果。

近年来，南非经济增长势头强劲，被纳入金砖国家的行列，也是中国越来越重要的贸易伙伴。但是，对于南非经济的真实状况，总是隔岸观花，不甚了了。所幸，《比较》的编委张春霖，自 2009 年 11 月至今一直在世行南非办事处工作，对南非有切身的了解和感受。因此，我们邀请他写了一篇关于南非的专稿《曼德拉身后的南非》。从张春霖的笔下，我们看到，自 1994 年南非消灭种族歧视，进入民主和自由社会后，无论是政治上还是经济上都取得了长足的进步，但是，南非"致富之路"仍然困难重重：南非依然是世界上贫富最悬殊的国家之一，基尼系数高达 0.7；南非的失业问题依然非常严重，这也是导致收入差距畸高的一个关键原因；南非的经济结构仍然保持"一个国家，两个经济"的二元结构；南非的劳动力市场管制导致劳动力成本居高不下，严重掣肘了制造业的发展，通过教育和技能开发提高劳动生产率也面临着严峻挑战。

"法和经济学"栏目选取了英国竞争政策委员会（现更名为竞争与市场管理局）前主席德里克·莫里斯的文章。莫里斯详细介绍英国监管自然垄断行业的主要工具 RPI-X 机制，该机制允许价格每年以一个特定的比例 X% 增长，这个比例要小于零售价格指数的上涨。这个机制不仅有效地提高了自然垄断行业的效率，也大大改善了公众的福利。在分析 RPI-X 机制的时候，莫里斯还着重强调了信息、激励和治理的重要性。这些议题恰好也是中国经济改革和竞争政策需要面对的主要挑战。

"特稿"栏目是斯坦福大学麦金农教授的文章。他认为，全球金融危机后，伯南克执掌的美联储正在制造继格林斯潘后的第二个泡沫。泡沫导致热钱的涨落和流动，对新兴市场和其他发展中国家造成巨大冲击，造成一些国家的政治动荡，例如，突尼斯的粮食动乱，由此引爆了"阿拉伯之春"。除美国之外的其他工业化国家也都采取了量化宽松的政策，为自己制造了一个难以逃脱的货币陷阱。麦金农的观点与量化宽松力挽狂澜、救世界经济于不倒的观点对立，不同观点的呈现，也值得我们参考。

财税体制改革是新一轮改革的重点，《决定》也提出了方向性的改革原则，但具体的改革措施仍有待进一步讨论。刘克崮领衔的中国国际经济交流中心财税改革课题组就深化财税体制改革提出了基本思路和政策建议。这些建议包括，政府间职责和支出责任划分、政府间收入划分，政府间转移支付制度改革要点、三级税收征管体系的建设以及预算和支出管理的改革等。他们还指出，财税改革还必须与价格、财税信息数据系统、行政管理体制改革、土地制度改革、金融改革等配套联动。

目　录
Contents

第七十辑

改革论坛 Reform Forum

经济学 VS 政治学
政策建议的误区

达龙·阿西莫格鲁　詹姆斯·罗宾逊

从经济学的角度来看，制定政策的基本方法来自对市场失灵的认识，诸如外部性、公共产品、垄断、不完全竞争等问题的存在，为旨在提高社会福利而精心设计的公共干预提供了可能。这个传统方法由庇古（1912）首先明确，之后萨缪尔森（1947）对此进行了详细的阐述，至今大多数经济学家在提出政策意见时仍然以此为理论依据。例如，在20世纪50年代，最早的发展经济学家们就以市场失灵论为理论基础，提出政府干预在推动落后国家发展中的重要性（Killick，1978）。虽然人们对政府的能力或者扶持效果将信将疑，但是，当前解决发展问题的方法与传统方法仍有很多相似之处。尽管目前的方法越来越复杂，比如，在政策设计时会结合信息摩擦来识别次优问题（例如Townsend，2011）；主张根据实际情况因地制宜制定政策（例如Rodrik，2007）；强调严格运用经验研究方法来判断哪种干预方式会更有效（例如，

* Daron Acemoglu，麻省理工学院经济系教授，经济增长和新制度经济学领域的领军人物，曾获2005年克拉克奖。Acemoglu教授的主要研究领域为政治经济学、经济增长与发展、人力资本理论、创新以及就业等。James A. Robinson，哈佛大学政府系教授。他们的合著 *Why Nations Fail: The Origins of Power, Prosperity and Poverty* 受到广泛赞誉，是近年来最有影响的经济学书籍之一。原文发表于 *Journal of Economic Perspective*，Vol. 2 No. 2（2013），第173—192页。作者感谢David Autor、谢长泰（Chang-Tai Hsieh）、Simon Johnson、John List、Suresh Naidu和Timothy Taylor的有益评论。

Banerjee 和 Duflo，2011）。但无论是上述何种方法，都缺少对政治因素的考虑。

忽略政治因素往往被认为是不无道理的，原因有三：其一，认为政治家们基本上或多或少地对提升社会福利感兴趣，因为在社会中行之有效的政策能够帮助他们继续掌权或者获得连任，正如惠特曼（Whitman，1989，1995）以及穆里根等人（Mulligan 和 Tsui，2006，2008）的模型所描述的。

其二，视政治为随机因素，它对经济政策制定的影响，就如同车轮沾上了星星点点的砂砾，可能会导致潜在的风险但无伤大碍［例如，Sachs（2005）或 Banerjee（2012）指出，利比里亚独裁者塞缪尔·多伊的经济政策是灾难性的，因为他不知道当总统应当做些什么］。

其三，虽然承认政治经济学很重要，但同时也认为"好的经济学就是好的政治学"，这意味着好的经济政策必然会放宽政治约束（例如 Boyco、Shleifer 和 Vishny，1995；Banerjee 和 Duflo，2011，尤其是第 261 页；Sachs 等人，2004）。其含义与前两点是一致的：政治家们能够坚定地支持那些既能解决市场失灵问题，又能释放有益政治力量的经济政策。

本文不仅要讨论经济政策建议在忽视政治因素时存在的风险，还会讨论由于一些系统性力量的存在，当政治因素较经济因素占上风时，好的经济学就会演变成坏的政治学。当然，这并不是说让经济建议偏离发现市场失灵并提供创造性解决方案的轨道，也不是说好的经济政策不掺杂偏见。相反，我们的观点是，无论在理论上还是在实践中，经济分析都需要搞清楚政治因素和经济因素在什么情况下会陷入冲突，在考虑这种冲突及其潜在后果的基础上，再来评估政策建议。

我们的基本观点很简单：当下的政治均衡可能难以避免市场失灵的影响，甚至有赖于市场失灵。面对工会利用垄断来提高其成员工资的行为，大多数经济学家都建议消除或者限制工会的垄断权力，这在某些情况下无疑是正确的政策。但是，工会不仅影响着劳动力市场运行的方式，也同时影响着政治体系。纵观历史，工会在全世界很多地方尤其是西欧地区的民主建设中扮演了关键角色，它们曾经建立、资助和支持过政治党派，比如英国的工党、斯堪的纳维亚的社会民主党等，这些政党极大地影响了公共政策、课税范围和收入再分配政策，还常常影响商界和政界之间的政治力量平衡。因为人们加入工会的一个主要原因是工会能为其成员争取更高的工资，削减工会的市场力量很可能导致去工会化。然而，进一步强化那些已经在社会中占主导地位的团体及其利益，会导致更多的效率损失，从而改变政治均衡。这个例子揭示了一个更为普遍的结论，也是我们的核心观点：即使我们有可能通过提高资源配置的效率来消除市场失灵，然而一旦考虑到对政治均衡的可能影响，我们不一定会这么做。一项政策是否值得实施，我们必须考虑它可能导致的政治后果，而不仅仅是关注经济成本和收益。

为了进一步论证这个观点，我们构建了一个简单的理论框架，用于解释经济政策和政治均衡之间的关系。我们将重点说明，为什么在进行政治经济学分析时，仅仅分析经济成本和收益还不够，以及较之于标准的次优分析方法，我们的方法如何通过提供一些指标，以此判别何种类型的市场失灵一旦被消除，最可能对政治均衡产生不利影响。那些强化社会主导群体的势力却弱化其政治平衡力量的经济政策是我们关注的重点。我们需要结合政治因素和经济因素，更全面地对这类政策加以研究，以避免意料之外的政治影响。

随后，我们讨论三种宽泛的机制所导致的情形，在这些情形下好的经济政策有可能带来糟糕的政治后果。首先，当前的经济租金会影响政治均衡。在解决市场失灵的过程中，减少某些团体的经济租金的政策也许会产生意料之外的政治影响，尤其是这些被削减的经济租金原本属于那些势单力薄的团体时，就会进一步破坏社会力量的均衡。第二，即使不改变经济租金，收入分配也会影响政治均衡。这意味着对于那些提高经济效率的政策而言，其分配效应的政治后果是不可忽视的。那些进一步加剧不平等的政策最可能产生适得其反的政治影响。第三，政治激励相容约束决定了政治家应当得到满足的利益，但是消除市场失灵的政策有可能使某些团体的利益得不到满足，从而导致政治上的强烈抵制。每种情况我们都提供了几个例子来解释这些机制是如何运行的。

就此而言，我们的机制基本上是解释性的。我们试图说明，我们的研究框架想要重点讨论的一些问题存在于古往今来的许多重要事件当中，并且与基本的政治经济学方法之间有一些重要的共同点，将事与愿违的政治影响同既得利益群体巩固其地位的经济政策联系在一起时，尤其如此。一个对这些议题更为系统的经验和理论分析无疑是必要的，这将有利于发现重要的规律和经验，扩展我们对经济和政治如何相互影响的认识，并揭示经济学家可以从政治学中取其精髓。

一个简要的框架

为了便于说明以上观点，并在下一部分中对机制问题展开讨论，现引入一个两期模型。假设一项经济政策在两个没有任何经济联系的时期都必须被实施。另外，假设在第一个时期政治家在政策选择上有一定的自由。即从某种意义上来说，政策有选择的余地，所以并未完全被既得利益者或当权者所左右。政策选择或许还会受到经济学家所提意见的影响，比如，为了纠正市场失灵而提出的建议等。在第二个时期，政策将在政治均衡下被决定。

首先，我们关注一个与政治学无关的经济学世界，在这里，两个时期之间没有任何政治联系（在经济上也是如此）。在这个世界里，做出第一个时期的政策选择无需考虑第二个时期的政治均衡。① 然而，现实情况却是，第一个时期的政策选择常常会强化一些群体而弱化另一些群体，因此会影响第二个时期的政治均衡。政治均衡进而将决定第二个时期的政策选择。因此，无论是追求福利最大化的政策制定者的目标，还是经济学家提出的建议，都不应当仅仅致力于解决眼前的市场失灵，还应当考虑第一个时期做出的政策选择对未来的政治影响。②

到目前为止，这个观点类似于经济政策分析中著名的次优理论的政治版本（Lancaster 和 Lipsey，1956）。但是，可探讨的不仅如此。大量的政治经济学分

---

① 如果用数学来描述，在没有政治因素的经济学世界里，在两个时期里实现福利最大化的政策 x_1 和 x_2 可以被独立选择，$\sum_{t=1}^{2} W_t(x_t)$（贴现率被压低，以使整个社会没有损失）。在这里 W_t 指在 t 期实现的社会福利。在这里，第一期中使社会福利最大化的政策或建议应当为 x_1^{SW}，从而使得 $W_1'(x_1^{SW}) = 0$。

② 如果用数学来描述，可以将第二期的政策决定用 $x_2 = \xi(p_2)$ 来表示，p_2 是第二期中政治力量分布的一个指标。这个政治力量的分布部分取决于当前的政策，它可以概括为函数 π，因此 $p_2 = \pi(x_1)$。

与本页脚注①相比，在这个世界里，未来的经济政策和政治状况是内生的，因此实现社会福利最大化需要（假设可微）：

$$W_1'(x_1) + W_2'(\xi(\pi(x_1)))\frac{d\xi(\pi(x_1))}{dp_2}\frac{d\pi(x_1)}{dx_1} = 1$$

因此，除非 $d\xi/dp_2 = 0$（从而未来的经济政策不依赖于未来的政治情况）或者 $d\pi/dx_1 = 0$（从而未来的政治状况不依赖于当前的经济政策），这个等式的第二项不为 0，意味着无论是福利最大化的政策制定者的目标还是经济学家提供的建议，不仅应当解决当前的市场失灵，也应将政治因素考虑进来。

析着眼于社会中政治力量的作用，尤其强调（1）经济力量与政治力量是相关联的；（2）政治被少数利益集团或社会族群所主导将产生有害的影响（Acemoglu 和 Robinson，2012）。就此而言，如果政策从经济上强化主导群体或者弱化与主导群体相对立的群体的政策，就可能进一步改变政治力量的平衡，进而产生意料之外的负面影响。① 此外，如果经济改革只能解决一些肤浅的表面问题，而不能从根本上改变政治和制度无效性的基础，它就有可能因违反“政治激励相容约束”而招致政治抵制，从而严重破坏现有的政治均衡或者政治联盟。随后，我们将讨论非洲的政策改革为何会成为一种地方病。非洲改革的着眼点通常不是基本的政治经济问题，而是这些问题导致的结果，比如糟糕的货币和财政政策。

当然，魔鬼隐藏在细节里。当前的经济政策选择会如何影响未来的政治均衡？政治均衡会如何影响未来所能达到的福利水平？显然，这些影响会随着条件的变化而有所不同，比如民主和非民主的情况就不一样。但是，我们认为，在很多情况下，这些影响不仅存在而且非常重要。

经济租金对组织的重要性

经济租金促使人们组织起来，尤其是抽取和/或利用租金来保护自己。组织的存在会产生强大的潜在政治影响。因此，根除市场失灵及其产生的租金常常会改变特定个人和群体对组织的投资，进而影响政治均衡。因此，经济政策的决策应当考虑或至少应当研究政策给不同政治组织带来的影响。

租金、工会化和民主

在多数情况下，与没有参加工会组织的雇员相比，工会推高了其成员的工资水平，这无疑造成了经济扭曲。工会还有可能造成其他扭曲，比如阻碍雇主采用某些技术和提高效率的举措。因此，削弱工会推高工资的力量就成为主流

---

① 紧接着上页脚注②，我们首先需要对政策排序，例如，数值较高的 x 表示政治强势群体。如果将政策现状按此排序，没有任何干预情况下的现行政策可用和 x_1^0 表 x_2^1 示。假设 $x_2^0 > x_2^{SW}$，此时未来的情况偏向有利于政治强势群体，当 x_1 上升时 p_2 也会上升（变得有利于强势群体）。只要包含 $x_1 > x_1^0$ 的任何政策改革（比当前状况更有利于政治强势群体）都导致 p_2 的增加，进一步改变第二期的政治均衡，使其有利于政治强势群体。这又导致更高的 x_2 值（扩大了第二期的实际政策和最优政策之间的差距）。我们的框架表明，应当仔细研究这几类政策的政治影响。

的经济政策建议。反对观点则主要基于以下的经济理论：工会在确保一个更为公正的收入分配体系方面发挥着作用，尤其是它有利于提升低收入工人的工资；另外，工会可以对抗企业在设定工资方面的垄断力量。

在我们的分析框架下，关键点在于，任何削弱工会提升工资能力的政策即使不会直接增加组织工会的难度，也会间接导致工会活动的减少。毕竟，当很多工人只能得到有限的好处时，他们不再认为加入工会是值得的。在我们的分析框架下，今天的政策将影响明天的组织投资，进而影响政治力量的分布（在本例中指工会的力量）。此外，在很多情形下，尽管当前工会力量强大，但力量的平衡已经向大雇主倾斜，削弱工会可能导致社会中的政治力量更不平衡，由此会产生潜在的动态成本。

正如我们已经提及的，工会不仅致力于争取更高的工资或试图影响企业的内部组织，它一直以来也通过采取一些可能影响政治均衡的方式而活跃于政治领域。工会政治力量最重大的影响之一是，它们在全世界创造和支持民主制度方面扮演着重要角色。当政治力量在非民主环境中分布非常不均衡的时候，这种作用尤其明显。最近有一篇文献分析民主制度形成的影响因素，它与早先的文献观点迥异［早期文献如 Moore（1966）强调中产阶级或资产阶级的角色］，也有别于通常的观点，即在民主的兴起和蓬勃发展过程中，工人阶级或社会的贫困群体常常起到决定性作用（Rueschemeyer、Stephens 和 Stephens，1992；Collier 和 Mahoney，1997；Acemoglu 和 Robinson，2000，2006）。这篇新的文献认为，工人阶级组织或从事集体行动对其推动制度改革的能力很关键。由于工会的职责是组织工人，从这个意义上讲，工会的存在有助于促进推动制度变革的集体行动。大量的案例研究和计量经济研究也支持对社会冲突的这种关注（例如，Adit 和 Jensen，2012）。

从“一战”前欧洲的第一次民主化运动，到反对波兰政府的波兰团结工会再到南非总工会（COSATU）发起的反对种族隔离制度运动，工会都在民主化进程中扮演了关键作用。最近的典型案例之一是 1979 年巴西劳工党（PT）的成立。这个党派诞生于圣贝尔纳多的斯堪尼亚卡车工厂的罢工事件。圣贝尔纳多冶金工人的领袖是一个 33 岁的激进分子，名叫路易斯·伊纳西奥·卢拉·达席尔瓦，也被称为卢拉。他帮助组织了席卷巴西的一系列罢工运动中的首次罢工，并向军事独裁体制发起挑战。乍一看，那些罢工运动是针对工资和工作条件的，但是据卢拉后来的回忆：我认为我们不能将经济和政治因素区分开来；这场……斗争是针对工资的，但是在为工资斗争的过程中，工人阶级赢得了政治上的胜利（引用自 Keck，1992，第 65 页）。罢工运动后成立的劳工党在巴西成功遏制军方力量的运动中成为先锋。

总体而言，那些削弱工会在为其成员协调工资和工作条件方面发挥作用的政策会减弱工会的政治权力。尽管卢拉和南非总工会在不利的政治环境中成功地组织了工会，但证据也表明，工会化率对助长垄断力量和租金的政府政策比较敏感（见 Rothstein，1992；Western，1999；Schmitt，2012）。如果工会政治力量的存在对支持一系列其他经济和政治成果至关重要，那么对工会提高工资所带来的劳动力市场失灵进行干预，则会导致适得其反的效果。

这个观点还适用于美国的工会。美国工人加入工会组织的比例在 20 世纪 50 年代早期达到顶峰，此后出现回落。这与一些政策选择不无关系：1935 年通过的国家劳工关系法（《瓦格纳法》）及"二战"期间的各种举措鼓励了工会的成长，但在此之后，尤其是 1947 年劳资关系法（《塔夫脱—哈特莱法案》）通过以后，谈判环境变得不利于工会。此外，从 20 世纪 70 年代开始，鼓励自由贸易的政策增大了美国经济中的竞争程度，削弱了很多私人部门工会提升工资的能力。更深层次的原因在于里根政府的反工会立场（见 Farber 和 Western，2002）。工会成员的减少或许会产生多方面的政治经济影响，例如，成为加剧收入不平等的重要因素（Western 和 Rosenfeld，2011）。再深究下去，它或许还会导致 CEO 薪酬的激增（DiNardo、Hallock 和 Pischke，1997，2000）和金融部门的放松监管。

资源财富组织的影响

一种主流观点认为，一个国家自然资源的特定形式对经济和政治有着最为重要的影响。按照这个观点，博茨瓦纳的深开采钻石和塞拉利昂的冲积钻石对政治稳定会产生不同的影响（Ross，2006）。然而，矿产品的重要性并不在于它们的固有特征，也不在于从经济学视角来看它们的开采是否得到了有效的组织，而是取决于它们的组织开采过程所产生的政治影响。我们通过比较澳大利亚砂金矿床和塞拉利昂金刚石矿床的开发来说明这一点。从基本的经济学视角来看，两个例子中矿产开采的自由进入都是无效率的。自然资源开采是"拥挤"的一个典型例子：大家开采的越多，给每个人剩下的就越少。解决这种市场失灵的一个办法是，将自然资源的排他性产权分配给一个大的开采商，这个大开采商可以进行长期规划，消除过多进入导致的租金摊薄现象。另一种组织开采的方式是，允许大量经注册登记或缴纳相关费用后的个人或小企业寻找资源。

矿产开采的经济组织带来的政治影响可能比它们产生的直接经济影响还要重要，通过比较澳大利亚和塞拉利昂的历史不难得出这一结论。澳大利亚的例子表明，当大量独立的、小型采矿者同时开采并发现他们的租金可能被摊薄时，就会组织成政治团体，最终形成一个更为平衡的政治状态，并有助于民主政治的发展。另一方面，塞拉利昂的经历则表明，随处可见的大采矿利益集团以及为控制资源并从中获利而展开的政治明争暗斗，如何为政治力量的分布带来了负面的、非民主的影响。

在澳大利亚，人们先后在新南威尔士州和 1851 年新成立的维多利亚州发现金矿。澳大利亚的政治精英立即采取行动来禁止金矿开采，以防农场和牧场的劳动力减少。要想采掘金矿就必须经过正式的调查，有关地块还得批租给大企业（Hirst，2008，第 375 页）。但是金矿位于英国王室土地之上，因此不受新南威尔士州议会中的精英们的直接控制，他们既不能禁止金矿开采也不能分配大的区块。由于英国殖民政权对澳大利亚本土经济政治精英力量的增大忧心忡忡，使得它决定只要任何人每月支付 30 先令就可以获取采金许可证。尽管这个费用很高，但阻挡不了一场淘金热。很快，维多利亚州一半的人涌入金矿区工作。墨尔本 40 个警员中有 38 个辞职去采矿，连船只都因为缺少海员而无法开出墨尔本港（Blainey，2006，第 40 页）。

随着澳大利亚的矿场不断扩大，矿主无论是否找到金矿都得付费，并且对矿主所拥有的矿场大小也做了进一步的限制，对此矿主们的不满情绪日益高涨。对那些无许可证采金者的处罚力度也在加大。矿主们开始组织起来保护自己的利益，通过减少采金许可证的发放来提高租金。1854 年，他们在矿场中部一个叫巴拉瑞特的城市成立了巴拉瑞特改革联盟。1854 年 11 月，巴拉瑞特的掘金者向深受宪章运动影响的当地行政长官呈交了一系列解决方案，宪章运动是英国工人阶级要求更多政治参与的运动（实际上，巴拉瑞特改革联盟的领导者——约翰·哈姆弗莱伊，在移民到澳大利亚前就曾是威尔士的宪章派人士）。他们的要求包括男性公民的选举权、成为维多利亚州立法委员会成员、不应设财产要求及对其成员支付报酬（Hirst，2002，第 48 页）。他们还要求取消采金许可证，撤回对采金场收取许可证费的专员。一群矿工，即大家熟知的掘金者，在彼得·莱勒的带领下，决定拒绝为许可证付费，并成立武装部队，在尤里卡建立了据点。1854 年 12 月 3 日，英殖民政府出兵镇压。30 名采金者和 5 个警察在这场镇压中死亡。

镇压引发了采金者们的愤怒，皇家调查委员会建议对许可证体系进行改革，将许可证的年度费用固定为 1 英镑。根据 1853 年的维多利亚州宪法，如果一个人拥有年度采金许可证，就被视为有足够的财产并有资格参加选举。因此，任何愿意支付 1 英镑的人都能够获得选举权，而且确实也有很多人为此付费。同时，为了进一步平息采金者的怒火，立法委员会扩大了其成员的范围，将采金区的代表也纳入其中。1855 年，哈姆弗莱伊、莱勒与其他 6 个采金者当选为维多利亚州立法委员会委员。1856 年 3 月，立法委员会采用了世界上最有效的无记名投票方式，它后来被称为澳大利亚式投票。这 8 个采金者对此都投了赞成票，最终这项措施以 33 票对 25 票通过（Hirst，2006）。

澳大利亚的金矿组织创造出大批亲民主力量，相较于澳大利亚的经验，塞拉利昂则是采用罢工来达到目的。塞拉利昂的钻石勘探始于 20 世纪 20 年代，在 1931 年首次发现钻石。1933 年在该国东部开始了小规模开采。殖民政府于 1935 年赋予了塞拉利昂选矿托拉斯（SLST）全国性的排他性勘探和采矿权。为了不让非法开采侵犯这种排他性权利，SLST 成立了自己的保安部队。范德拉恩（van der Laan，1965，第 79 页）在他的研究中提出这样一个问题：由一个采矿公司对钻石矿藏进行缓慢而平稳的开采好，还是让采掘者快速地开采好？他认为从经济上来说 SLST 做得更好，因为 SLST 的开采率达到了将近 100%，而分散的采掘者远远达不到那个水平，另外，SLST 的垄断权力也为政府创造了更多收入。

然而，塞拉利昂的钻石开采组织真正重要的特征不是 SLST 的经济成本和收益，而是它所带来的政治影响。尽管 SLST 试图控制采掘者的非法开采，但这个开采组织没有引起澳大利亚那样的民主运动。由此导致的结果之一是在 20 世纪 50 年代由酋长们以及在英国殖民主义下曾经受益的其他精英们发起的独立运动。1952 年，塞拉利昂精英们开始控制立法委员会，他们不是把钻石开采权向塞拉利昂民众开放，而是向 SLST 收取更高的税收。作为补偿，他们加大对非法开采的处罚力度以帮助 SLST 巩固垄断权力。负责此事的矿业部长就是后来的塞拉利昂贪腐总理和总统斯蒂文斯。1956 年，非法开采者数量巨大，估计有 75000 人（van der Laan，1965，第 65 页），保安部队对此有些招架不住。如今，SLST 的垄断权力已经局限在两个地区，但那两个地区仍然是科诺和通戈矿区的主要矿床。在其他地方也发放采矿许可证，但是不对“陌生人”发放，“陌生人”指的是采矿区的非本地居民。

当然，正如我们（2012）所讨论的，还有其他历史和制度方面的原因阻碍了有利于塞拉利昂经济发展的包容性经济政治制度和政策的发展。但是，对获取自然资源所作的安排很大程度上影响了以下事实：在塞拉利昂第一个政治党派成立的关键时期，这些政策是由精英们，尤其是酋长们及相关人员制定的，并没有塞拉利昂群众的广泛参与（Cartwright，1970）。这为 1961 年独立后建立的一党专制奠定了基础。

不平等的政治后果

纠正市场失灵也会改变社会收入分配格局。比如，随着工会发挥垄断力量的能力下降，不仅导致工会组织的萎缩，而且（至少在缺乏强大竞争的市场情况下）企业利润会因此提高。收入会在工人、管理人员以及企业所有者之间重新分配。这种转变也会影响政治均衡。

17 世纪英国政治体系下大西洋贸易所产生的效应，是阐释收入分配变化对未来政治格局产生重要影响的一个范例。因为当时英国的大西洋贸易活动并没有被王室垄断，而是由独立的商人、冒险家以及私掠者主导。大西洋贸易使他们中的很多人富裕起来，他们反对斯图亚特王朝的君主专制主义并寻求限制国王的特权。随着他们变得更加富有，他们的能力和胆量都在扩张，甚至能够在 1640 年英国内战和 1688 年光荣革命期间组建军队击败专制王朝。我们（2005）以及桑杰·贾（Jha，2010）提供的历史和经验证据表明，英国包容性制度的形成以及荷兰共和国工商业的崛起归功于大西洋贸易。显而易见的是，它们的发展轨迹与葡萄牙和西班牙的情况大相径庭。后者的大西洋贸易活动由王室垄断和配置，贸易带来的财富都流进了统治者的手中，加强了君主权力，削弱了议会，导致了扭曲的政治平衡，使得西欧这几个国家的经济和政治发展后继乏力且积重难返。

美国的货币与政治

按照约翰逊和夸克（Johnson 和 Kwak，2010）的分析，从过去 30 年美国放松金融监管的经验中，可以看出忽视政治影响的经济政策将如何损害社会福利。从纯经济学的角度来看，从大萧条中应运而生的金融与银行监管体系有许多不合理的特征，其中包括对州际银行的限制以及商业银行与投资银行的分离。贾亚拉特纳和斯特森（Jayaratne 和 Strathan，1996）发现，废除部分银行监管制度有利于促进经济的快速增长。这些改革与那些直接解决市场失灵的方法基本相似，都消除了以前政策导致的部分扭曲。然而，与那些可能导致事与愿违的政治后果的经济政策一样，这些改革也倾向于增强已经足够强大的金融部门。

放松金融监管的改革起初进展缓慢：1975 年取消了股票交易的固定佣金，然后于 1980 年废除了限制银行存款利率的 Q 条例。约翰逊和夸克（2010）指出，尽管当时银行和金融服务业的势力还没有大到可以得到所有它们希望的放松监管政策，却已经足以阻止新的监管。这是非常重要的，因为重大的金融创新已经开始出现：比如说，所罗门兄弟公司于 1981 年推出了利率互换。在此期间，随着这些新金融工具的发展，监管机构和法院也逐步放松了对金融服务和银行业的监管，金融部门因而变得更加有利可图。从 1980 年到 2005 年，按实际金额计算，金融部门利润增长率达到了 800%，而非金融部门的利润只增长了 250%（Johnson 和 Kwak，2010，第三章）。从 1998 年到 2007 年，金融部门的平均盈利占到私人部门总盈利的 30%。在此期间，金融部门在 GDP 中的比例从 3.5% 上升到了近 6%。

随着银行业规模的扩大和获利能力的增强，它们也变得更加独断专行，影响力也越来越大。它们开始游说，更多地参与政治活动。1990 年，金融部门在政治竞选活动中投入了 6100 万美元，到了 2006 年，这个数字达到了 2.6 亿美元（排在它后面的卫生医疗业在 2006 年只花了 1 亿美元）。当然，不断增长的财富和竞选捐款并不是金融部门提升政治影响力的唯一途径。在华尔街和华盛顿的行政高官之间有一扇永远开放的旋转门。约翰逊和夸克（2010）指出，金融的学术研究领域也发生了一场革命，学术界对衍生金融工具的定价和放松监管进行了大量的研究，这也提升了金融部门的地位。

此后，金融自由化的改革仍在持续。1994 年，《里格尔—尼尔州际银行和分行效率法》放松了对州际银行的约束，导致了一系列兼并，并形成了全国性的大型银行。摩根大通和花旗银行应运而生，美国银行也实现了转型。1999 年，《金融服务现代化法》对清除商业银行和投资银行之间的大部分壁垒进行了有效的立法，几十年来由于监管条令和法院判决而形成的监管壁垒被逐步清除。但或许比这些改变更重要的是对监管的规避：例如，这些监管如果实施，会计人员和监管者可能会对基于抵押贷款证券及美国保险集团（AIG）等保险公司出售的信贷违约掉期的债务抵押债券做不同的处理。金融业的政治影响力也加剧了金融业的道德风险问题——大型金融机构在经营不善的时候，很可能采取冒险方式以获得政府的救援。总而言之，这些监管改革和监管空白，再加上道德风险问题，营造了一个鼓励过度投机的环境，最终导致2007年至2008年的金融危机。

就我们的分析框架而言，这一部分说明了放松监管的潜在效应，它如何扩大了金融业的规模和政治影响力。这一变化使得未来的监管和分配结构向金融部门倾斜，给社会的其他领域带来了不良后果。换言之，这些经济政策的分析仅仅考虑了经济成本和收益，而置其引发的政治后果于不顾，严重低估了实际成本。

俄罗斯的私有化

大多数经济学家赞成私有化，从成本和收益的角度看，很少有经济学家认为国有化有利于提高效率。与放松监管一样，私有化也被认为是提高经济效率的重要方式，它们主要通过调整现有的（政府强加的）扭曲状态来实现目标。然而，另一个反面案例就是20世纪90年代俄罗斯企业的私有化。这一政策极大地影响了收入分配，形成了一群非常富有的群体，并且带来了巨大的政治变化——不仅带来了直接的负面影响，还延缓了改革进程，抵消了政策的作用，并为普京威权体制的形成铺平了道路。

1991年的夏天，鲍里斯·叶利钦在刚刚设立的俄罗斯总统这一职位的选举中获胜。他的政治主张包括一项激进的市场化改革方案，这帮助他击败了四个共产党候选人和一个强硬的民族主义候选人。为了实施这个方案，他任命了叶戈尔·盖达尔，后者又把私有化的任务交给阿纳托利·丘拜斯负责。在叶利钦所有想实现的政策中，对成千上万国有企业的私有化改革也许是最重要的一项，但是他没有明确的计划来完成它。盖达尔和丘拜斯提出将苏联的主要资产转移到私人手中。

从1992年春天开始，像商场和餐厅这样的小型企业开始被出售。人们可以免费或者几乎免费地获得他们居住的公寓的所有权。在1992年末，丘拜斯开始将目标转向大企业。叶利钦的团队试图让公众参与资产的初始分配。大中型企业必须以权证的形式出售至少29%的股权。在1992年10月，每个俄罗斯成年人都分得一份名义价值为10000卢币的权证，这些权证只需花25卢比就可以在当地银行认领。截至1993年1月，97%的俄罗斯人认领了他们的权证。这些权证可以用于出售或者竞标相关企业私有化时的股份。1992年12月举行了第一次股份拍卖，随后总共有14000家企业举行了类似的拍卖。然而，这些企业的大多数资产流向了企业的员工和管理者。法律允许企业员工和管理者运用企业自有资金以一定的折扣来购买51%的有表决权的股份。实际上，企业的大部分资产以巨大的折扣流入内部人手中。

1995年的贷款换股权交易是私有化进程中最具争议的一步，事后看来这也是影响最为深远的一步。12家高利润企业中的国有股份被用作获取银行贷款的抵押品，这些企业主要集中在能源行业。如果贷款没有偿还，银行就有权出售股权，而政府并没有任何偿还贷款的打算。1996年11月至1997年2月，几家大型公司出售股票，其中包括尤科斯石油公司、西诺克石油公司和苏尔古特石油天然气公司，在每次拍卖过程中，这些公司的股份都被银行竞得，外部人的竞标不是被忽视就是被取消了。弗里兰（Freeland，2000）① 和霍夫曼（Hoffman，2002）总结了这些事件并描述了由此导致的寡头崛起过程。这种私有化过程不仅极大地增加了寡头的财富，扩大了他们的权力，同时还导致出现大量小股东的设想落空。1994年，员工们拥有俄罗斯企业50%的股权，到1999年，这个数据下降为36%。到2005年，71%的大中型工业和通信企业的大股东通常拥有企业一大半的股权（Treisman，2011，第223—224页）。

私有化背后的驱动力是教科书式的经济学原理，认为它将使俄罗斯从中央计划经济和国有体制转向更有效率的市场经济。这是当时很多经济学家所确信的观点，他们的争论主要在于私有化的速度（Aghion和Blanchard，1994），而不在于是否维持国有经济体制［例如，Borenstein（2002）以加利福尼亚为背景提出了对私有化的质疑，它认为这会催生私人垄断，导致比公有制更严重的经济后果，但是，这并没有引起广泛重视，尽管自那之后，Black、Kraakman和Tarassova（2002），Stiglitz（2002），Goldman（2003）基于纯经济理由，反对私有化］。经济学家们在担忧这个政治经济进程时，没有考虑到私有化可能引发的不良政治后果。相反，为了让支持私有化的政治联盟保持信心，他们把

① 请参见中信出版社出版的中译本《世纪大拍卖》。

心思花在如何安排私有化过程上（Dewatripoint 和 Roland，1992），或者把注意力集中在那些影响私有化的政策约束上（Shleifer 和 Treisman，2000）。事实上，一个普遍的观点认为，俄罗斯私有化的具体细节并不重要，因为“好的经济学就是好的政治学”。例如，施莱弗等人（Boycko、Shleifer 和 Vishny，1995，第 10—11 页）就曾这样断言：“至少在俄罗斯，政治对经济生活的影响是经济效率低下的根本原因。因此，经济改革的主要目标就是经济生活的去政治化……私有化剥夺了政治家们对企业的掌控，所以能够推动去政治化。”

有确凿的证据表明，俄罗斯在私有化之初对经济是有利的，甚至连寡头们都大量投资于他们的新公司（Treisman，2011；Aslund，2007，第 6 章）。例如，施莱弗和特雷斯曼（2004，第 29 页）质问道：“对于寡头们在私有化过程中购得的公司，他们只是剥夺了它们的资产，而没有向它们进行投资吗？这些公司的审计财务报表显示它们的资产出现了大幅增长，尤其是在 1998 年以后……而且那些主要的寡头每年都向他们的公司投资数亿美元……”

但这里我们强调的重点是私有化带来的政治后果。私有化使得一群不择手段的寡头们一夜暴富，并极大地增加了他们的财富。事实上，这一政策的后果异常严重，以致俄罗斯在私有化之后出现了巨大的贫富差异（Alexeev，1999）。更为重要的是，私有化引发的经济和政治不平等使俄罗斯的经济和政治改革招致强烈反对，最终导致了威权主义的重建，并强化了国家主导的权贵资本主义（理论分析见 Gureiv 和 Sonin，2008）。这个政治均衡的演化可以从几个层面来分析。第一，私有化没有实现资产的广泛分配，因而未能在经济上巩固新生的民主政权。第二，收益的分配不仅范围窄小，而且还是不合理的，因为日趋严重的不平等更有利于那些政治化的企业以及与政治紧密关联的企业。第三，在这个过程中形成了资产的集中和巨大的租金，使得在普京领导下恢复了活力的克格勃能轻易地夺回对经济的控制权。最后，私有化的推行方式可能降低寡头们建立更好制度的激励（Sonin，2003），同时也可能助长民众对普京的政治策略的支持。

我们从俄罗斯私有化过程中最起码得到了这样的经验教训：实现公有财产向私有财产转变的经济学原理是很不充分的，基于“好的经济学即好的政治学”的政治经济学观点也同样如此。证据表明，私有化，特别是它的实现形式，给俄罗斯政治带来了决定性的影响，它推动了一个压制型威权政体的崛起，进一步加剧了社会的不平等。

违反政治激励约束

政治家们往往受制于政治激励相容约束。这些因素决定了当政者自己希望获得的预期效用，或者他想继续掌权就必须提供的组织利益。然而，如果既想要消除市场失灵，又不能认识和确定导致扭曲的关键性的政治和制度根源，就可能违反这些约束。换句话说，受到教科书式经济学原理严重误导的一套政策可能服务于执政联盟这一政治经济目的。言外之意，消除这样的市场失灵可能削弱现有的联盟或破坏均衡。其结果可能是新联盟的崛起或是新均衡的形成，这可能导致市场失灵的死灰复燃，抑或产生新的市场失灵，因为它们有利于将政治联盟捆绑在一起，或者为统治者们提供租金。在一项关于薄弱制度下央行独立性的研究中，我们（Acemoglu、Johnson、Querubin 和 Robinson，2008）将这种再制造（re-creation）的扭曲称为“跷跷板效应”。但更危险的是，如果违反了政治激励相容约束，其结果可能是社会动荡，甚至是内战，这将消耗大量的成本。因此，就社会福利而言，在不考虑政治后果的情况下试图解决市场失灵，很可能毫无效果甚至会适得其反。

政策改革、不稳定和暴力

1971 年加纳首相科菲·布西亚的经验说明，政策建议应把政治家们面临的政治约束考虑在内。而在这个案例中，好的经济学也未必是好的政治学。

1966 年加纳军人集团推翻了越来越专制的恩克鲁玛政府，但最终他们也放弃了权力，1969 年布西亚在军政府之后上台执政。布西亚马上就遇到了严重的经济危机，危机源于不可持续的扩张性经济政策、市场部门所面临的扭曲、价格控制，以及高估的汇率。然而，这些政策被采纳并不是因为包括布西亚在内的加纳领导人相信它们是好的经济学，它们也并非发展这个国家的有效手段，选择它们只是为了满足政治约束。扩张性的经济政策和高估的汇率使布西亚和他的前任们得以将资源转向城市中的群体。贝茨（Bates，1981）那本经典的著作中首次认识到价格管制中的强大政治逻辑：市场扭曲和价格管制可以创造出有价值的租金，有效地分配它们便可得到政治支持。加纳的价格政策挤压农业，不仅向政治影响力更强的城市选区提供廉价食品，而且用由此产生的收入支撑着政府的开支，而这些开支随后便流入了政治家们的口袋。

但是，这些政策确实意味着国际收支危机、外汇短缺以及经济衰退将不可避免。对于像世界银行和国际货币基金组织（IMF）这样的外部机构，问题及其解决方案同样明确：必须消除扭曲的政策。迫于经济危机和国际压力，布西亚不得不做出让步，他在 1971 年 12 月 27 日与国际货币基金组织签署了一份协议，这份协议要求其货币贬值 44% 。

不管这些改革背后是怎样教条的经济逻辑，其政治后果是可怕的。货币贬值导致了社会骚乱，以及连续不断的示威和不满。两周后的军事政变推翻了布西亚的统治，货币又重新升值。国家控制了价格、工资、市场部门和汇率，这些都是加纳政治庇护网络的核心部分，任何政治家一旦失去了这个网络的支持，就会受到民众和军方的反对。

政策改革后发生暴乱的例子并不只有加纳。正如赫伯斯特（Herbst，1990）和雷诺（Reno，1995，1998）所指出的，这一现象在西非国家已经成为一种常态：事实上，非洲之所以很少实施政策改革，其中一个原因就是因为政治家们知道，这会导致政治秩序的崩溃（van de Walle，2001）。

雷诺（1995，1998）对塞拉利昂的分析就说明了这一点。1968 年，前任部长史蒂文斯和他的国会党上台执政，塞拉利昂出现了一个基于租金创造和分配的政治契约。这些租金的世袭和再分配被史蒂文斯安排得极为完善，他操纵了酋长制等传统政治体制，利用租金、政治庇护和就业赢得了广泛的支持。

史蒂文斯的统治延续到 1985 年，那年他传位给钦点的接班人约瑟夫·莫莫。在 1992 年被一场军事政变推翻之前，莫莫一直统治着这个国家。2002 年，塞拉利昂内战结束并开始再民主化，在这之前的 40 年里，这个国家几乎没有提供任何公共物品。道路失修损毁，学校停课解散。1987 年信息部长把电信发送器卖掉后，国家电视广播正式停运。1989 年一座向弗里敦城外转发信号的无线电塔倒塌，这个国家的首都再也不能向外传输信号（Reno，2003，第 48 页）。塞拉利昂生产销售委员会垄断了所有的出口农产品，支付给农民们的价格极低，只有世界平均水平的 40%（Davies，2007）。汇率被严重高估，并形成了黑市。20 世纪 70 年代以来，人均 GDP 一直处于下降状态，到本世纪早期内战结束时已经滑落到只有独立时的 40%（Davies，2007）。

然而，具有讽刺意义的是，雷诺的研究表明，在国际社会试图改善塞拉利昂的经济政策时，无意间激化了现有的冲突，甚至将这个国家推向了一场血腥的内战。1979 年塞拉利昂首次邀请国际货币基金组织，它们随后进入了一系列长期的谈判阶段。随着 20 世纪 80 年代经济状况的恶化，塞拉利昂政府对国际资源的需求变得更加强烈，但是从总统莫莫的角度来看，“在这种情况下，迫于财政责任和预算削减的压力，必须尽快找到其他有效手段以保证盟友的忠诚”（Reno，1995 年，第 156 页）。更重要的是，“莫莫正在失去用以实施政治控制的资源。财政收入的削减和国际货币基金组织的财政紧缩政策迫使国家关闭了部分残存的官僚机构……由于失去了获取利益的途径，莫莫的盟友开始寻求其他方式来支持自己……总统不再能控制抗命不遵的行为……‘坏政策’的改革既不能恢复总统的政治控制，也不能抑制那些绕开总统权威的‘企业家热情’”（Reno，1995，第 161 页）。

总而言之，尽管这些经济学家善意的经济政策旨在纠正市场失灵和政策扭曲，它们却夺走了莫莫总统用以收买政治支持的工具。结果，他转向了不同的政治策略，即用武力和威压取代收买人心。1990 年 1 月，莫莫正式实施“从零开始”计划，事实上，这是一个用军队来接管钻石矿业的尝试。由于失去了惯常的庇护方式，诸如公共部门的就业和合同等，莫莫转而用高压政治手段来攫取国家剩余的租金。这在东部地区引发了民怨，结果导致了一场延续十年的血腥内战（Richards，1996）。虽然莫莫政权剥削、腐败、压迫的性质一览无余，但随后的内战肯定不是预期的目标和理想的结果。雷诺的分析强调了这一现象的普遍性：在没有切实了解当地的政治均衡和政治激励相容约束时，外部强加的改革将会产生意想不到的政治后果。

租金和自然国家

在一本最近出版的著作中，诺斯、沃利斯和温加斯特（North、Wallis 和 Weingast，2010）提供了几个“自然国家”（natural state）的反例，间接证明了“好的经济学即好的政治学”的谬误。在用于解释经济发展的概念框架中，他们认为存在两种基本相反的社会秩序：一是“开放准入”（open access）社会，其特征是经济发达、民主健全、富裕且充满活力的公民社会，这个社会拥有各种组织机构和普遍的非人格化社会关系，其中包括法治和有保障的产权；二是“有限准入”（limited access）社会，其特征是经济增长缓慢，组织机构稀缺，社会关系建立在人脉基础上，各种特权横行，法律不公，产权也得不到保护。他们认为，构建所有的社会秩序都是为了控制暴力的威胁和使用，但是不同的构建方式会给经济激励和发展带来不同的后果。特别地，自然国家是一个“有限准入”社会，其控制暴力的关键在于创造租金。他们的分析（第 17

页）与上述贝茨的分析相呼应：

> 在自然国家中，有限准入可被用来创设系统性的租金，不仅可以填满主导联盟的口袋，还是控制暴力的重要手段。创造租金、限制竞争、限制组织的创建，这些对国家的性质、国家机构以及社会的表现都至关重要。将创建合约型组织的权利局限在联盟的成员之中，使精英集团的利益与联盟的存亡直接挂钩，从而确保合作能继续进行。

在一个自然国家的世界中，即有限准入秩序（诺斯等人把它视为解释贫穷国家的一般政治经济学模型）中，好的经济学几乎从来不是好的政治学。如诺斯、沃利斯和温加斯特（2012，第 18 页）所指出的那样："因为精英们知道暴力会减少他们的利益，他们有不引发暴力的激励。此外，每个精英都明白其他精英面临着类似的激励。就这样，自然国家下的政治体制通过操纵经济体制来产生租金，然后租金又反过来维护政治秩序。"他们这样总结自己的观点（第 7 页）：

> 取消租金的结果并不是一个有竞争活力的市场经济……而是一个混乱和充满暴力的社会。

结束语

尽管并非总是明确地表达出来，但经济学家们有一个普遍的共识，即在可能的情况下，公共政策总是应该设法减少或消除市场失灵和政策扭曲。在本文中我们发现，由于忽略了政治因素，这个结论往往是不正确的。事实上，现存的政治均衡可能主要依托于市场失灵的存在。如果没有意识到其政治后果，这些经济改革的实施非但不能提高经济效率，还会使之大幅降低。

我们的讨论与兰卡斯特和利普西（1956）经典的次优理论既紧密联系，又不尽相同，有两个理由说明了这点。其一，我们讨论的重点不是市场失灵之间的相互作用，而是现行政策改革对未来政治均衡的影响；其二，虽然仍需要做很多工作才能搞清楚经济政策和未来政治均衡的联系，我们的方法并非仅仅指出了任何经济改革都可能给未来的政治均衡带来负面影响。相反，基于对政治和经济的基本理解，它强调应该特别注意经济改革对政治的影响，因为这些经济改革会改变社会的收入和租金分配，使原本强势的团体更加受益。在这种情况下，善意的经济政策可能会改变政治权力的平衡，使它进一步偏向居于主导地位的团体，最终对未来的政治均衡造成不良后果。

当然，我们并不是第一个指出经济政策的政治和经济影响，也不是第一个提出不考虑政治而仅在标准的成本和收益框架下分析经济政策是不足取的。自20世纪80年代以来，政治经济学文献就充满活力地在寻求发展出关于政策选择的有效模型，其中模拟了政治和决策过程（相关概述参见，Drazen，2000；Persson和Tabellini，2000；Besley，2007；Acemoglu和Robinson，2006）。尽管如此，现有的政治经济学分析要么没有关注这个问题，要么强调如果政治上可能的话，市场失灵就应该予以消除。迪克西特（Dixit，1997）和德雷泽（Drazen，2000）认为，在提出政策或制度建议时，必须将政治均衡作为一个重要的约束条件。这意味着政策建议应该与政治家们的激励机制相容。然而，据我们所知，我们在本文中的主要论点此前并没有出现过。我们的观点是，经济政策不应该只专注于消除市场失灵和纠正扭曲，除此之外，特别是当它将影响社会收入和租金分配，使其进一步向主导团体倾斜时，还应该考虑它对未来政治均衡的影响。因此，我们呼吁用一个不同的、明确以政治经济学为基础的框架来分析经济政策。这个框架中的大部分概念、理论和实证基础有待未来的工作来完成。

（对外经济贸易大学金融学院 应欣媛 陈梦 译　朱逸琳 校）

参考文献

Acemoglu, Daron, Simon Johnson and James A. Robinson (2005) The Rise of Europe: Atlantic Trade, Institutional Change and Economic Growth, *American Economic Review*, 95, 546-579.

Acemoglu, Daron, Simon Johnson, Pablo Querubín and James A. Robinson (2008) When Does Policy Reform Work? The Case of Central Bank Independence, Brookings Papers on *Economic Activity*, Spring 2008, 351-417.

Acemoglu, Daron and James A. Robinson (2000) Why Did the West Extend the Franchise? Growth, Inequality and Democracy in Historical Perspective, *Quarterly Journal of Economics*, CXV, 1167-1199.

Acemoglu, Daron and James A. Robinson (2006) *Economic Origins of Dictatorship and Democracy*, New York: Cambridge University Press.

Acemoglu, Daron and James A. Robinson (2012) *Why Nations Fail: The Origins of Power*,

Prosperity, and Poverty, New York: Crown.

Aghion, Philippe and Olivier J. Blanchard (1994) On the Speed of Transition in Central Europe, *NBER Macroeconomics Annual*, 283 – 330.

Aidt, Toke S. and Peter S. Jensen (2012) Workers of the World Unite! Franchise Extensions and the Threat of Revolution in Europe, 1820 – 1938, http://www.econ.cam.ac.uk/faculty/aidt/papers/web/workers/workers.pdf.

Alexeev, Michael (1999) Privatization and the Distribution of Wealth in Russia, *Economics of Transition*, 7, 449 – 465.

Ålund, Anders (2007) *How Capitalism was Built: The Transformation of Central and Eastern Europe, Russia and Central Asia*, New York: Cambridge University Press.

Banerjee, Abhijit V. (2012) "Poor Economics – Effective Poverty Reduction Policies," Kapuscinsky Development Lecture, http://kapuscinskilectures.eu/lectures/pooreconomics/.

Banerjee, Abhijit V. and Esther Duflo (2011) *Poor Economics*, New York: Public Affairs Press.

Bates, Robert H. (1981) *Markets and States in Tropical Africa*, Berkeley: University of California Press.

Besley, Timothy (2007) *Principled Agents?: The Political Economy of Good Government*, New York: Oxford University Press.

Black, Bernard, Reinier Kraakman, and Anna Tarassova (2000) Russian Privatization and Corporate Governance: What Went Wrong? *Stanford Law Review*, 52, 1731 – 1808.

Blainey, Geoffrey (2006) *A History of Victoria*, New York: Cambridge University Press.

Borenstein, Severin (2002) The Trouble with Electricity Markets: Understanding California's Restructuring Disaster. *Journal of Economic Perspectives*, 16 (1): 191 – 211.

Boycko, Maxim, Andrei Shleifer and Robert W. Vishny (1995) Privatizing Russia, Cambridge: MIT Press.

Cartwright, John R. (1970) *Politics in Sierra Leone1947 – 67*, Toronto: University of Toronto Press.

Collier, Ruth Berins and James Mahoney (1997) Adding Collective Actors to Collective Outcomes: Labor and Recent Democratization in South America and Southern Europe, *Comparative Politics*, 29 (3), 285 – 303.

Davies, Victor A. B. (2007) Sierra Leone's economic growth performance, 1861 – 2000, in Benno J. Ndulu et al eds. *The Political Economy of Growth in Africa, 1960 – 2000*, Volume 2, New York: Cambridge University Press.

Dewatripont, Mathias and Gérard Roland (1992) Economic Reform and Dynamic Political Constraints, *Review of Economic Studies*, 59, 703 – 30.

DiNardo, John, Kevin Hallock, Jörn – Steffen Pischke (1997) Unions and Managerial Pay, *NBER Working Paper* No. 6318.

DiNardo, John, Kevin Hallock, Jörn – Steffen Pischke (2000) Unions and the Labor Market for Managers, *Institute for the Study of Labor (IZA) Discussion Paper* No. 150.

Dixit, Avinash (1997) Economists as Advisers to Politicians and Society, *Economics & Poli-*

tics, 9 (3), 225 – 230.

Drazen, Allan M. (2000) *Political Economy in Macroeconomics*, Princeton: Princeton University Press.

Drazen, Allan M. (2002) Conditionality and Ownership in IMF Lending: A Political Economy Approach, *IMF Staff Papers*, 49.

Eley, Geoffrey (2002) *Forging Democracy: The History of the Left in Europe, 1850 – 2000*, New York: Oxford University Press.

Farber, Henry S. and Bruce Western (2002) "Ronald Reagan and the Politics of Declining Union Organization." *British Journal of Industrial Relations*, 40: 385 – 402.

Freeland, Chrystia (2000) *Sale of the Century: Russia's Wild Rise from Communism to Capitalism*, New York: Crown Business.

Goldman, Marshall I. (2003) *The Privatization of Russia: Russian Reform Goes Awry*, New York: Routledge.

Guriev, Sergei M. and Konstantin Sonin (2008) Dictators and Oligarchs: A Dynamic Theory of Contested Property Rights, *Journal of Public Economics*, 93 (1 – 2), 1 – 13.

Herbst, Jeffrey I. (1990) The Structural Adjustment of Politics in Africa, *World Development*, 18 (7), 949 – 958.

Hirst, John B. (2002) *Australia's Democracy: A Short History*, Sydney: Allen and Unwin.

Hirst, John B. (2006) *Making Votes Secret*, Melbourne: Victorian Electoral Commission.

Hirst, John B. (2008) *Freedom on the Fatal Shore*, Melbourne: Black Inc.

Hoffman, David (2002) *The Oligarchs*, New York: Public Affairs.

Jayaratne, Jith and Philip E. Strathan (1996) The Finance – Growth Nexus: Evidence from Bank Branch Deregulation, *Quarterly Journal of Economics*, 111 (3), 639 – 670.

Jha, Suamitra (2010) Financial Innovation and Political Development: Evidence from Revolutionary England, http://papers.ssrn.com/sol3/papers.cfm?abstract_id=934943.

Johnson, Simon and James Kwak (2010) *13 Bankers: The Wall Street Takeover and the Next Financial Meltdown*, Pantheon: New York.

Keck, Margaret E. (1992) *The Workers' Party and Democratization in Brazil*, New Haven: Yale University Press.

Killick, Tony (1978) *Development Economics in Action*, London: Heinemann.

Van derLaan, H. L. (1965) *The Sierra Leone Diamonds; an economic study covering the years 1952 – 1961*, London: Oxford University Press.

Lancaster, Kelvin and Richard G. Lipsey (1956) The General Theory of Second Best, *Review of Economic Studies*, 24 (1), 11 – 32.

Moore, Barrington (1966) *The Social Origins of Dictatorship and Democracy: Lord and Peasant in the Making of the Modern World*, Boston: Beacon Press.

Mulligan, Casey B. and Kevin K. Tsui (2006) Political Competitiveness, *NBER Working Paper* 12653.

Mulligan, Casey B. and Kevin K. Tsui (2008) Political Entry, Public Policies, and the Economy, *NBER Working Paper* 13830.

North, Douglass C. , John J. Wallis and Barry R. Weingast (2010) *Violence and Social Orders: A Conceptual Framework for Interpreting Recorded Human History*, New York: Cambridge University Press.

North, Douglass C. , John J. Wallis, Steven B. Webb and Barry Weingast (2012) Limited Acess Orders: An Introduction to the Conceptual Framework, in Douglass C. North, John J. Wallis, Steven B. Webb and Barry Weingast eds. *In the Shadow of Violence: Politics, Economics, and the Problem of Development and Limited Access Societies*, New York: Cambridge University Press.

Persson, Torsten and Guido Tabellini (2000) *Political Economics*, Cambridge: MIT Press.

Pigou, Arthur C. (1912) *Wealth and Welfare*, London: Macmillan & Co.

Reno, William (1995) *Corruption and State Politics in Sierra Leone*, New York: Cambridge University Press.

Reno, William (1998) *Warlords Politics and African States*, Boulder: LynneRienner.

Reno, William (2003) Political Networks in a Failing State: The Roots and Future of Violent Conάict in Sierra Leone, *IPG*, 2, 44 – 66.

Richards, Paul (1996) *Fighting for the Rainforest: War, Youth and Resources in Sierra Leone*, Oxford: James Currey.

Rodrik, Dani (2007) *One Economics, Many Recipes: Globalization, Institutions, and Economic Growth*, Princeton: Princeton University Press.

Ross, Michael L. (2006) A Closer Look at Oil, Diamonds and Civil War, *Annual Review of Political Science*, 9, 265 – 300.

Rothstein, Bo (1992) Labor – Market Institutions and Working – Class Strength, in Sven Steinmo, Kathleen Thelen and Frank Longstreth eds. *Structuring Politics: Historical Institutionalism in Comparative Analysis*, New York: Cambridge University Press.

Rueschemeyer, Dietrich, Evelyn H. Stephens and John D. Stephens (1992) *Capitalist Development and Democracy*, New York: Cambridge University Press.

Sachs, Jeffrey D. (2005) *End of Poverty: Economic Possibilities for Our Time*, New York: Penguin Press.

Sachs, Jeffrey D. et al. (2004) *Ending Africa's Poverty Trap Brookings Papers on Economic Activity*, 2004 (1): 117 – 240.

Samuelson, Paul A. (1947) *Foundations of Economic Analysis*, Cambridge: Harvard University Press.

Schmitt, John and Alexandra Mitukiewicz (2012) Politics matter: changes in unionisation rates in rich countries, 1960 – 2010, *Industrial Relations Journal*, 43 (3), 260 – 280.

Shleifer, Andrei and Daniel Treisman (2000) *Without a Map: Political Tactics and Economic Reform in Russia*, Cambridge: MIT Press.

Shleifer, Andrei and Daniel Treisman (2004) A Normal Country, *Foreign Affairs*, 83 (2), 20 – 38.

Sonin, Konstantin (2003) Why the Rich May Favor Poor Protection of Property Rights, *Journal of Comparative Economics*, 31 (4), 715 – 731.

Stiglitz, Joseph E. (2002) *Globalization and its Discontents*, New York: Norton & Co.

Townsend, Robert M. (2011) *Financial Systems in Developing Economies: Growth, Inequality and Policy Evaluation in Thailand*, New York: Oxford University Press.

Treisman, Daniel (2011) *The Return: Russia's Journey from Gorbachev to Medvedev*, New York: The Free Press.

van de Walle, Nicolas (2001) *African Economies and the Politics of Permanent Crisis, 1979 – 1999*, New York: Cambridge University Press.

Western, Bruce (1999) *Between Class and Market: Postwar Unionization in the Capitalist Democracies*, Princeton: Princeton University Press.

Western, Bruce and Jake Rosenfeld. (2011) "Unions, Norms, and the Rise in USWageInequality." *American Sociological Review* 76: 513 – 537.

Wittman, Donald (1989) Why Democracies are Efficient, *Journal of Political Economy*, 97 (6), 1395 – 1424.

Wittman, Donald (1995) *The Myth of Democratic Failure: Why Political Institutions are Efficient*, Chicago: University of Chicago Press.

宪政与经济政策

托尔斯腾·佩尔松　圭多·塔贝里尼

在一国讨论宪政改革的罕见历史时刻，关键议题往往涉及改革如何影响经济政策和经济表现。例如，意大利放弃了纯粹的比例代表制，不再根据政党获得的全民投票比例选举立法委员，而是纳入简单多数制（plurality rule）的要素，谁获得最高票数谁就当选该区的立法委员。如今，意大利的主要政治领袖在考虑引进总统制元素的提议：在总统制下，政府首脑由民众直接选举产生，而不是由当前的议会制度产生。在意大利，一个普遍的说法是，选举改革将有助于遏制政治腐败，降低意大利政府继续赤字预算的倾向。

在20世纪90年代，另一些国家也在探讨并实施了宪政改革。譬如新西兰，从纯粹的单一席位选区的简单多数制，转向一种混合了比例代表制元素的体系。日本也放弃特殊形式的简单多数制（所谓的单记非让渡投票制），采用比例代表制和多数代表制相混合的制度。英国也对类似的提议进行了辩论。在拉丁美洲，大家提出的问题是：许多国家的贫穷和经济动荡是否可以归结于它们的总统制政府形式。

直到不久前，社会科学家仍未直接回答宪政如何影响经济表现和其他经济

---

* Torsten Persson，瑞典斯德哥尔摩大学国际经济研究所教授和所长，英国伦敦经济学院终身教授。Guido Tabellini，意大利米兰博科尼大学 Inocenzo Gasparini 经济研究院经济学教授和院长。感谢 Timothy Taylor、Brad DeLong、Andrei Shleifer 和 Michael Waldman 对本文早期的草稿提出了非常有用的意见。同时感谢加拿大学院高等研究所提供的财政支持。原文发表于 *Journal of Economic Perspective*，Vol. 18，NO. 2（2004），第75—98页。

政策结果的问题。比较政治学领域的政治学家花费了数十年时间，致力于研究宪政的基本特征及其政治效应。但他们侧重的主要是政治现象，并没有系统地探询宪政规则如何影响经济政策。至于政治经济学领域的经济学家，他们研究了政策选择的决定因素，却并不十分重视制度方面的细节。

本文讨论了有关两个宪政特征——选举规则和政府形式——如何影响经济政策制定的理论和经验研究。我们首先概述民主政治中宪政的一些关键目标，阐明宪政惯性（inertia）和样本自身选择，这两点刻画了现实世界中的宪政。接着我们引入用来划分宪法研究工作的主要概念：不同类型的选举规则和政府形式。然后探讨这些宪政元素如何影响政府的可问责性、政治租金和腐败的规模，以及政府的代表性和各种财政政策选择。

我们总的主题思想非常明确：宪政规则系统性地影响经济政策。当涉及政治腐败的程度时，最难解决的便是细节问题，尤其是选举制度的细节。而涉及财政政策时，特别是政府的规模，其影响就与宽泛的宪政分类有关。宪政的影响往往大到足以产生真正的经济利益。

宪政的目标

民主宪政涵盖很多目标，包括规定和保护公民基本权利的诉求。这里，我们忽略掉许多这类目标，转而锁定与政策制定更直接相关的规则。在代议民主制国家，由民选官员制定政策。宪法详细规定哪些部门拥有政策决策权，如何通过选举或政治任命进入这些部门，以及制定政策需要什么程序。反过来，这些规则决定了选民如何能让政客负责任，以及哪些社会群体更容易看到自己的利益得到了充分体现。

本文和相关文献的一个共同主题是，宪政设计必须在可问责性和代表性之间作出权衡（也可参见 Bingham Powell，2000；Prezworski 等人，1999）。宪政通过阐明政策责任并使更换现任政府更易实行，来强化可问责性，但同时也加大了政策制定者所代表的集团的政治影响力。这一洞见在选举规则的分析中最为显著。与采用比例代表制、根据所获全国选票数比例选出立法委员的选举相比，在采用简单多数制的选举中，很多独立选区往往按多数原则选出立法委员，所以选民的情绪波动会对立法多数制造成更大的变化。这种效应增强了政客取悦选民的激励，并可能减少政治租金和腐败行为。但是，由于较强的可问责性的实现有赖于政治候选人更积极地响应关键选民群体的意愿，所以，这个更强的可问责性也更有可能以牺牲广泛的支出项目为代价、将利益限定在有限选区。正如我们将要看到的，在选择总统制和议会制政府形式时，也存在可问责性和代表性之间的类似权衡。

宪政惯性与样本自身选择

尽管20世纪90年代出现了一系列实际的宪政改革或相关的辩论，但是在后“二战”时期的民主国家，宪政的广泛功能并未发生多少变化。在我们（Persson和Tabellini，2003）研究的1960年至1998年60个民主国家的样本中，没有一个国家改变过自己的政府组织形式，只有两个在1990年之前推行了重大的选举制度改革（塞浦路斯和法国）——虽然考虑从非民主形式过渡到不同民主形式的微小宪政改革时会观察到更多的时间变化。

宪政中观察到的跨国变化，与稳定的国家特征有着很强的相关性：例如，总统制都集中在拉丁美洲，前英属殖民地往往采用英式选举规则（单一选区简单多数制），欧洲大陆主要实行议会制和比例代表选举制。这些宪政模式使人们很难从数据中得出因果关系的推论。宪政惯性意味着几乎观察不到宪政改革试验，而跨国评估则可能把宪政产生的影响和其他的国家特征混为一谈。国家对宪政的自主选择显然并不是随机的，且最有可能与其他影响一国政策结果的不可观测的变量密切相关。

这些困难和劳动经济学家评估职业培训计划的效果时遇到的困难类似。参加职业培训的人获得的动力和积极性，可能比同等条件下观察到的没参加这类计划的人更高，然而，对该计划进行审慎评估时还必须考虑那些不可观测的差异。此外，如果职业培训计划对不同个体产生不同影响，那么选择的试验组和对照组就必须具有相似的可观察特征，以免评估的结果出现偏差。

在2003年的研究中，我们将劳动经济学家开发的计量经济学方法，运用于我们的推理问题，即：当国家自主选择宪政时，如何从跨国比较中评估宪政对政策结果产生的因果效应。因此我们借助工具变量，尝试区分出选举规则和政府形式的外生变量。如果宪政极少修改，那么它们基本上是由历史条件决定的。我们用宪政被采用的大致时间来作为宪政特征的工具变量。由于宪政设计存在“流行式样”，所以现行宪政的广泛特征与其诞生期有关；我们的识别假定是，在控制了政策的其他决定因素后（包括民主的持续时间），宪政的诞生期并不直接与当前的政策结果相关。在评估政策结果的随机成分和宪政选择之间可能的相关性时，我们还使用詹姆斯·赫克曼（James Heckman）的方法来进行调整。另外，我们利用所谓的“匹配法”，根据各国采纳某个具体宪政特征的概率（即倾向得分，propensity score）对它们进行排名。具有相近倾向得分、但宪政不同的国家之间的比较，更值得重视。这种方法避免了异质性处理效应和非线性所导致的有偏估计。我们在2003年的研究中用了这些计量方法，调整了样本和自我选择问题，并且解决了用虚拟变量衡量宪政特征所引发的非线性问题，如政府形式的总统制与议会制，选举的多数制与比例制。相反，倘若宪政由一个连续变量度量，譬如下文所描述的选举规则的详细特征，那么我们以下要陈述的推论将基于普通最小二乘估计（OLS）。

政治制度分类

可以说，任何现代宪政最根本的特征，就是它的选举规则和政府形式，这显然也是比较政治学研究得最多的两个方面。我们的论述也主要集中在这两个维度。然而应该指出的是，这样做忽略了许多潜在而重要的宪政特征，包括司法安排、地方政府机构、联邦纵向安排、预算程序、对独立机构的授权以及公民投票。我们建议读者查阅贝斯利等人（Besley 和 Case，2003；Poterba 和 Von Hagen，1999；Djankov 等人，2003）对这些问题的进一步探讨。

选举规则

在政治学文献通常强调的三个维度里，立法机关的选举规则有所相同。选区规模（district magnitudes）决定了在一个典型选区获得一个席位的立法者数量（给定立法机关的规模）。一个极端情况是，所有的立法委员在各个单一席位选区产生，如美国众议院；另一种极端情况是，所有立法委员都在一个包罗万象的单一选区产生，如以色列议会。选举公式（electoral formulas）规定的是如何将选票转化为议席。在简单多数制下，只有最高得票者才能胜出获得某个地区的代表权。与此相反，比例代表制按各个选区的票数比例分配席位。为保证总选举数量与议席数量之间的匹配度，简单多数制的选区系统常常由国家层面的“席位调整”制度作出修正。最后，选票结构（ballot structures）决定公民的投票方式。一种可能性是，他们要在独立候选人当中进行选择。另一种可能性是，每个选民从各个参选政党提交的候选人名单中选择。比方说，如果一个选区有10个席位而甲党赢了其中的4个，那么甲党名单上的前4位候选人就当选。①

虽然这三个方面在理论上截然不同，但在各个国家之间它们是密切相关的。盎格鲁—撒克逊国家通常实行简单多数制，在单一席位选区给独立候选人投票。另一方面，在大选区、有时是全国单一选区，往往实施政党名单比例代表制。这种模式导致许多观察家采用分类法分出两个原型选举制度，称为“多数制”和“比例制”，或称一致同意原则。但是相关性并不完美，而且经常会出现“混合”选举制度。以德国为例，选民要投两票，第一票根据单一席位选区的相对多数制计票，第二票采用全国范围的比例代表制，以达到全国选票数与议席数之间的均衡。此外，一些比例代表制（比如爱尔兰）并不依靠政党名单。② 有学者（Blais 和 Massicotte，1996；Cox，1997）对世界各国的选举制度作了概述。

政府形式

比较政治学的研究者强调两种主要的政府形式之间的区别：总统制和议会制。在总统制中，公民直接选举（最高）行政官员；相反，在议会制中，由民选议会任命行政官员，即“政府”。

总统制政府与议会制政府之间的第一个区别，关乎行政权和提案权如何分配给个人或机构。在议会制民主国家，立法机关任命行政官员，政府拥有行政权力并担当议程设定者，起草所有的重要立法和拟定预算草案。而在美国这类实行权力分立的总统制民主国家，总统拥有充分的行政权力，但是议程设置权较少。对于国内政策，总统有投票权，但是提出并修改政策的权力通常归于国会。第二个关键区别涉及在一段时间内如何维护行政权力和议程设置权力。在议会制民主国家，政府只要获得立法议会的大多数支持就能继续执政。相反，在总统制民主国家，这些权力的持有者分别由选举产生，并在整个选举期间保留权力。

---

① 这一假定以政党名单保密为前提。当名单公开时，选民也可以表达对候选人的偏好，从而可能改变结果。政党名单是保密还是公开的区别将在下文进一步讨论。

② 为了实现均衡，爱尔兰的“单一可转移票制”（也见于马耳他）依赖于复数选区（Multi-number districts）的个人投票，其中每个选民只能投给一个候选人；同时还依赖于一个复杂的程序：席位依次分配，而投给落选人的选票将转移到下一议席。

根据这两个标准，真实世界的许多宪政可以容易地分类为总统制和议会制。在大多数实行民选总统制的国家，行政机关可以在无需获得立法机关多数支持的情况下牢握权力。同理，在许多采用议会制的国家，政府的组建必须经议会批准，议会可以通过不信任投票解散政府，但政府提出的立法建议可以优先纳入立法议程。然而，除选举规则外，人们还根据行政机关和立法机关之间如何划分特权，以及组成和解散政府的详细规则，观察到了几种混合制度。舒加特等人（Shugart 和 Carey，1992；Strom，1990）广泛讨论了这些宪政特征。在本文中，我们基于两个因素进行简单的区分：（1）提出和否决立法提案的权力是否分散于各政治部门（像国会委员会），比如大多数总统制国家；或者政府是否拥有立法权，比如大多数议会制国家。（2）立法机关是否可以通过不信任投票解散行政机关，如议会制国家；或者行政官员是否有固定任期而无需立法机关的支持，如总统制国家。

政治问责

选举规则和政府形式如何影响问责制？在本节里，我们只考虑所有选民以大致相同的方法进行评估的政策，将民选官员如何应对选民内部分歧的问题留待下一节着重阐述代表权时再作讨论。这里，问责制意指两件事。它使选民对政客滥用权力有一定的控制：选民可以通过重选或对其他事业的关注惩罚或奖励政客，从而为良好行为创造激励。① 问责制也指选民挑选最“有才能的”候选人的能力，此处候选人的才能可以是选民重视的正直品质、技术专长或其他内在特性的某种组合。本文的重点在于经济政策的制定，所以我们专注于分析宪政如何影响腐败、寻租和选举预算周期。

政治问责与选举规则

选举规则的细节直接影响政客的激励机制。它们还透过政党结构以及更为普遍地通过决定由谁执政产生间接影响。在本节中，我们讨论上述选举规则三个方面的直接和间接影响：选票结构、选区规模和选举公式。

---

① Besley 和 Case（1995）提供直接证据表明，连任愿望催生了取悦选民的激励机制。美国各州州长选举的任期限制与高税收和高政府支出相关，和没有这类限制（或在任职期间这些限制不具约束力）的国家相比，这一发现符合了作者的政治制度模型，其中不受约束的州长征税过重、花费过多。

如果是个体负责制而不是集体负责制，政客可能有较强的直接激励去讨好选民。因此，政党候选人名单之所以阻碍官员们的努力，主要是由于名单割断了个人努力与连任预期之间的关联。我们在 2000 年的文章中描述了一个模型，将该想法正式纳入模型，我们预测到，相较于选民直接选举独立候选人，依靠名单投票的选举政治租金会更高。这一论点也意味着，公开的名单（选民可以更改候选人的顺序）应比保密的名单（选民不能进行修改）更有利于形成良好行为，偏好投票制（preferential voting，要求选民给同一政党的候选人排列优先次序。——译注）应该也是如此。

这些证据说明了什么？如果高政治租金与非法利益相关，那么我们很想知道：不同国家公职人员的腐败是否与选举规则有系统性的关联。当然，腐败并非政治租金的完美指标。此外，腐败的衡量会有很多误差，而且会受国家的许多其他特征的影响。然而，横截面数据与面板数据确实显示出某些联系。我们（Persson 和 Tabellini，2003；Persson、Tabellini 和 Trebbi，2003）曾研究了 20 世纪 90 年代大约 80 个民主国家，并通过世界银行、透明国际和私人风险服务机构的不同调查来测量腐败感知度。他们控制了早先研究发现的与腐败相关的若干国家特征，譬如人均收入、国际贸易开放度、公民的教育和宗教信仰、国家被殖民的历史、地理区位等一组由虚拟变量测量的变量。根据他们的估计，选举个人确实能减少腐败：从所有议员按照政党名单选举到简单多数制（全部议员单独选举），腐败感知度降低高达 20%——大约是拉美国家的估计影响的 2 倍。他们还发现，当个人选举通过简单多数制实施，而不是使用偏好投票比例选举制度的公开名单时，腐败减少的程度更大。当然，这种结果也可能反映了选举公式的影响（如下文所述），而不仅仅是选票结构的影响。库尼科娃和阿克曼（Kunicova 和 Rose Ackerman，2001）得出类似的经验研究结果，但是特别指出保密名单、比例代表制最容易催生腐败。

在上述结论中，有一些与凯里等人（Carey 和 Shugart，1995；Golden 和 Chang，2001）的结论背道而驰，他们强调的是党际和党内竞争的区别。政党之间的竞争是可取的，因为这将促成令广大选民满意的立法。而政党内部的竞争则不受欢迎，因为那会导致候选人通过赞助或其他非法活动给他们的选民提供好处——意大利和日本 20 世纪 90 年代改革前的选举制度就说明了这个问题。根据意大利对国会议员的司法调查进行腐败测量之后，戈登等人（Golden 和 Chang，2001）指出，在党内竞争更加激烈的地区腐败现象更为频繁。因此他们认为，公开名单制劣于保密名单制，并声称库尼科娃等人（Kunicova 和 Rose Ackerman，2001）得出的实证结果反映了一个误设模型（另见下文提及的 Golden 和 Chang，2003）。

总之，理论和经验研究表明，简单多数制下的个人问责制强化了政客取悦选民的激励，有助于鼓励良好的行为。但是在实施公开而非保密名单的比例代表制下，个人问责制的影响更具争议性。

选举公式（和选区规模）也可能从其他渠道影响政客的激励。简单多数制下，如果竞选势均力敌，那么从选票到席位的映射就会变得陡峭。这一联系应当为良好行为建立起强激励机制：胜利的几率提高一点点就能在席位方面产生很大的回报。比例代表制下的激励比较弱，因为额外努力获得的席位预期回报（或取胜的概率）较低。但是，如果竞选中出现实力大的潜在胜利者，简单多数制的激励反而会弱于比例代表制。倘若席位几乎已经确定，那么政客就不会再花力气去取悦选区内的选民。① 汇总所有的选区（从而汇总选民相似程度），根据不同选举公式抽取租金的相对激励便成为一个经验研究问题。关于这些论点，斯图姆伯格（Stromberg，2003）使用美国选举人团（Electoral College）的结构模型研究了一场（假想的）总统选举改革产生的结果。给定选民偏好的经验分布，他发现租金抽取的激励基本上不受这类改革的影响。

通过改变有当选机会的一组候选人，或者更普遍地通过改变政党制度，选举制度（尤其是选区规模）也可以间接影响问责制。一个理论模型表明这些间接影响可能会鼓励政治寻租；另一个模型则显示可能会减少政治寻租。

迈尔森（Myerson，1993）提出一个模型，其中，进入壁垒使不诚实的候选人能够入围。他认为政党（也可以说是候选人）存在两方面的不同：诚实度和意识形态。选民总是喜欢诚实的候选人，但对于意识形态却看法不一。在实行比例代表制的多席位选区，以意识形态划分，每种意识形态的候选人里，都存在诚实的候选人，因此不诚实的候选人没有当选的机会。可是在单一席位选区，只有一位候选人能赢得选举。所以选民可能会策略性地将选票投给不诚实但意识形态上更受欢迎的候选人，前提是他们预期其他意识形态相同的选民也会这么做：因为选择诚实的候选人可能会使胜利转向意识形态对立的候选

① 当然，选区可以在某些时间段随意重新设计，这使得选举的势均力敌程度成为一种内生选择。这种可能性为策略性操纵（也称为不公正划分选区）打开了方便之门，其中一个可能的目标就是保护现任者。

人。因此，单一席位选区的简单多数制可能与不诚实的在职者密切相关，这些人很难被赶下台。

但是，使政党易于在议会中获得席位的选举制度（例如，多席位选区和比例代表制）实际上可能通过其他渠道助长而不是减少寻租。如果有许多派系可以获得议会席位，政府将更有可能由政党联盟而不是单一政党来支持。在一党政府下，选民清楚地知道谁该为观察到的表现受到指责或奖励。在联合政府下，选民可能并不知道该指责谁，并且因表现不佳而损失的选票由所有联盟伙伴共担；这削弱了联盟内各政党取悦选民的激励。我们（Persson、Roland 和 Tabellini，2003）曾证明，相比于简单多数制和小规模选区，比例代表制和多席位选区将提高组建联合政府的几率，从而推高政治租金。鲍威尔（Bingham Powell，2000）通过非正式的推理得出了类似的结论。

数据是否更清晰地揭示这些另类的想法？联合政府会导致更多腐败的假设仍有待检验，虽然据我们所知，欧洲（比利时和意大利）发生的一些明目张胆的腐败丑闻和这类政府密切相关。然而证据确实支持进入壁垒提高腐败程度这一说法。我们（Persson 和 Tabellini，2003；Persson、Tabellini 和 Trebbi，2003）发现，在采用小规模选区（即每区选出的议员很少）的国家和年份，腐败率更高，而且造成的影响极大。阿尔特等人（Alt 和 Lassen，2002）指出，州长初选的限制使候选人的进入壁垒增高，与美国各州的腐败感知度呈正相关关系。

至此，我们强调了选举规则对政治租金和腐败的影响。但是政治代表们讨好选民的强烈激励还可以表现在其他方面，譬如税收、政府支出或刺激总需求的宏观经济政策中的选举周期。我们（Persson 和 Tabellini，2003）研究了自 1960 年以来覆盖 50 多个民主国家约 500 次选举的面板数据。我们根据选举公式将各国分成两组，并评估不同设定下（包括国家和时间固定效应以及一些随时间变化的回归量）的选举周期的程度。各个民主国家的政府在选举年使用简单多数制削减税收和政府开支——两者削减幅度占 GDP 的 0.5%。在比例代表制民主国家，减税不是十分明显，而且观察不到开支缩减。这一发现可能支持了更好的问责制有利于选民惩罚高税收、高支出的政府，或者因为选民是财政保守派（见 Peltzman，1992），或者因为他们遭遇了政治代理问题（见 Besley 和 Case，1995）。

政治问责与政府形式

不同政府形式对问责的影响，并没有像选举规则的影响那样得到详细研究。这里，我们要概述与总统制和议会制之间粗略比较相关的主要想法，而忽略宪政的各个较为具体的方面。

从理论的角度看，总统制民主国家的问责机制很可能比议会制民主国家的更强，相关原因有两个（Persson、Roland 和 Tabellini，1997，2000）。首先，总统制下的代表链更加简单直接，因为行政机关直接向选民负责。而在议会制下，行政机关并不直接向选民负责，因此政治代表以选民利益为代价相互勾结的空间相应变大。其次，许多总统制国家实行严格的分权制——不仅总统和国会之间，甚至在不同政策领域握有重要提案权的国会委员会之间也实行权力分立。相反，在议会制中，政府集所有的行政特权和重大立法提案权于一身。因此总统制政体下的权力制衡更加有力。这些制衡机制强化了问责制并增强了政客采取良好行为的激励，因为选民可以利用不同部门之间的冲突防止权力滥用，或减少他们与决策者之间的信息不对称。但是，这些论点可能只适用于运作良好的民主国家。

这些预测是否与证据一致？答案是两者仅在一定程度上吻合，而且取决于民主的质量（这一点可以通过对行政的制约、政治参与度和诸如“自由之家”或“政体 IV 项目”等标准源提供的其他制度性数据加以度量）。我们在 2003 年的研究中发现，在良好的民主国家当中，总统制政体比议会制政体普遍更少腐败；但在糟糕的民主国家，这个结果并不成立。① 由于许多总统制政体属于后一组，腐败与良好的总统制民主国家之间呈负相关是因为样本中的观察量相对较少，所以并不稳健。例如，库尼科娃等人（Kunicova 和 Rose-Ackerman，2001）以稍微不同的方式对总统制国家进行了分类，并得出更多相反的经验研究结果：总统制似乎与更普遍而不是更少的腐败相关联。

总的经验

所有这些关于宪政改革对腐败的影响意味着什么？在论及政府组织形式时，我们的知识尚未精确到足以给出确切的答案。在论及选举规则时，细节问题又极其棘手。而如果我们提出的问题涉及从“比例制”到“多数制”选举的大规模改革，答案就变得十分模糊，因为这样的改革会影响选举规则的若干

---

① “糟糕”和“良好”依照自由之家和政体 IV 项目数据集得出的民主评分来定义，它们度量不同社会和时间的行政权力制约和政治参与自由度等方面的表现。

特征。从比例代表制转向简单多数制，选票结构随之从政党名单转变为对单个候选人投票，这将直接或间接通过政府类型强化良好行为的政治激励。但是如果改革缩小了选区规模，从而形成进入壁垒并损害了诚实或有才干的在职者，那么这些福利改善效果可能会被抵消。因此，选举改革的净效应取决于哪种效应更强以及改革的精确结构。我们（Persson 和 Tabellini，2003；Persson、Tabellini 和 Trebbi，2003）也提供了实证证据支持这个微妙的结论，我们发现，控制其他变量并考虑了国家对宪政的自主选择之后，在多数制和比例制的广泛分类中，腐败并无稳定的差别。

政治代表

经济政策会产生利益冲突。一个社会的个人和团体的收入来源和水平、部门和职业、居住的地理位置以及意识形态都千差万别。因此，对于合适的税收标准和结构，偏好的关税、补贴和监管，人们会持不同看法；不同的地区会支持不同的方案，如此等等。政治制度将这些利益冲突纳入公共政策决策之中，但是宪政给予特定群体的权利是不同的。在本节里，我们将紧扣财政政策问题来讨论这种情况是如何发生的。

选举规则与政客和选民的激励

单一席位选区制和简单多数制都倾向于引入只对特定选区有利的项目。相反，多席位选区制和比例代表制则有助于推动面向广泛人群的项目。在此洞见的基础上，最近一些理论和经验研究文献探讨了选区规模和选举公式对政府支出结构的影响。

例如，我们曾在 1999 年研究了两个机会主义政党（候选人）谋求职位的模型，其中政策在选举前已经由选举政纲（electoral platform）确定。多席位选区制和比例代表制的选举硝烟弥漫，使各方有强烈激励通过一般公共产品或普遍性再分配项目（如公共养老金或其他的福利国家计划），从众多广泛联盟中寻求选民支持。相反，单一席位选区制和简单多数制通常使各方能在某些地区确定会有优胜者，选举竞争集中在另一些关键选区；这就产生了拉拢这些摇摆选区选民的强烈动机。简单多数制“赢家通吃”的特性进一步强化了这种效果，从而缩小了赢得选举所需要的最少的选民联盟。简单多数制下，一方仅需得到全国选票的 25% 便可获胜：也就是说，如果它赢了 50% 选区的 50% 选票，那么就算在其他地区一票未得，它仍能控制大半个议会。而在完全采用比例代表制的情况下，一方须获得全国 50% 的选票才能控制议会，这意味着政客们有更强的激励内化造福大部分选民的政策收益。

不少模型围绕着这一点在不同的分析框架中反复探讨。利齐芮策（Lizzeri 和 Persico，2001）提出一个附带选举承诺的模型，其中候选人可以使用税收收入提供（一般）公共产品或有定向的再分配项目。我们（2000a）讨论了一位寻求连任的现任决策者作出的宽泛或狭隘的政策选择。斯图姆伯格（2003）研究的是在美国总统选举的结构模型中，选举人团对竞选资源或政策收益分配产生的影响。他根据实践经验指出，这种选举方式意味着各州之间存在更加不平衡的分配；开支主要集中在相对较少的票数［而非（反事实的）全国投票系统］就有可能扭转整个局势的州。也有学者（Milesi-Ferretti 等人，2002）从另一个模型得出类似的结果，在此模型里，政策将在选举后当选政客之间的讨价还价中设定。他们还认为，比例选举制导致规模更大的总支出。

证据是否与“比例代表选举制导致公共养老金、福利开支等广泛再分配项目支出扩大”的预测相一致？下列的表 1（A 组）显示二者相符。只集中关注议会制民主政体，而且不控制福利开支的其他影响因素，相比于多数选举制产生的议会，比例代表选举制选出的议会在社会保障和福利上开支更大，高达 GDP 的 8%。也有研究（Milesi-Ferretti 等人，2002；Persson 和 Tabellini，2003，2004）表明，即使控制了社会保障和福利支出的其他因素，如老年人口比例、人均收入、民主的持续时间和质量等，选举制度的影响仍然在统计上显著（只是较小）。这些研究采用了不同的数据集——分别基于二战后 OECD 和 IMF 的数据——其中也包括了总统制民主政体。我们（2003，2004）使用的数据集涵盖 20 世纪 90 年代 70 个民主国家，将总统制对政策结果的单独影响纳入分析，并把国家自主选择不同的选举制度考虑在内。根据我们的研究结果，从简单多数制向比例代表制的改革，会将（随机抽取一个国家的）福利开支在 GDP 中的占比提高约 2%，这个影响具有经济学和统计学上的显著性。

如果在比例代表制下政客通过广泛开支计划争夺选民支持的激励比在简单多数制下更强，那么我们可能会期望观察到这两种制度在选举期间的系统性差异。我们在 2003 年的研究中的确发现福利国家的支出存在显著的选举周期，即在选举和选举后的年份这类项目预算扩大了。不过，这种情况出现在比例代表制而不是简单多数制中 。

选举规则、政党构成与政府类型

以上讨论的论文侧重于单个政客的激励机制，但是比较政治学的许多研究表明，选举规则也影响着政党结构和政府类型。与比例代表制和大规模选区相比，简单多数制和小规模选区产生的政党更少、席位的分配更扭曲（例如，Duverger，1954；Lijphart，1990）。并且，在议会制民主国家，政党少意味着形成一党多数政府的频率更高，出现联合政府的机会更小（Taagepera 和 Shugart，1989；Strom，1990）。表 1（B 组）呈现的证据表明，选举规则引发的这些政治影响可能会很大。在议会民主制中，与比例选举规则相关的是更加分散的政党制度，更多出现的是联合政府，更少出现单一政党多数政府。

表 1　根据选举规则分类的议会制民主国家的政治和经济结果

	多数制	比例制
A. 经济政策结果		
政府支出	25.94 (9.05)	35.12 (9.30)
社保和福利支出	5.37 (4.98)	13.15 (5.40)
预算赤字	2.92 (3.81)	3.86 (4.17)
B. 政治结果		
党派分立	0.54 (0.17)	0.70 (0.09)
联合政府	0.24 (0.41)	0.55 (0.47)
一党政府	0.63 (0.47)	0.17 (0.37)
观测数	138	187

注：表中是简单平均值；括号里的数值为标准差。财政政策变量是指中央政府的政策并以占 GDP 的比重来测量。

观测值从不同国家和立法机构汇集。观测数涉及的是政治结果（某些观测缺少政策结果）。

资料来源：Persson 和 Tabellini（2003），Persson、Roland 和 Tabellini（2004）

这类大的政治效应，当然也反应在这些不同政党制度和政府类型推行的经济政策中。事实上，最近不少论文都认为，比例选举制引致的更分裂的政党体系导致整体规模更大的政府支出。例如，奥斯汀—史密斯（Austen-Smith，2000）的研究模型中，再分配性税收政策于选举后通过谈判设定。他假设简单多数制下产生的政党（2个）较比例代表制产生的政党（3个）更少。两党联盟比一党制更有可能征收较高的税赋和进行再分配。

还有一些研究（Persson、Roland 和 Tabellini，2003；Bawn 和 Rosenbluth，2003）得出相似的预测，即比例代表制比简单多数制导致更多的政府开支，但他们将政党数量视为内生因素，并强调不同的政府类型中选举竞争有何不同。当政府依赖于单一政党多数时，选举的主要竞争就是现任者和反对党；这一势态促使现任者推行有效政策，或至少推行利于他所代表的选民的政策。相反，如果政府由政党联盟支持，选民就可以区别对待政府内的各个政党，而这会在执政联盟内部制造选举冲突。根据合理的假设，效率低下的谈判将诱发政府过度开支。

正如前面表1（A组）所示，这些理论预测得到了数据的支持：一般而言，在不控制财政政策的其他决定因素的情况下，由比例代表制选举的立法机关开支约占 GDP 的10%，超过简单多数制下的立法机关的开支。对跨国数据的谨慎评估证实了这一结果。我们（2003，2004）研究了20世纪90年代80个议会制和总统制民主国家的样本，我们控制了其他各种政策决定因素（包括总统制和议会制政府之间的区别），同时考虑了国家自主选择选举制度。① 我们当时的评估极具稳健性，并表明比例代表制而非简单多数制可将中央政府总支出占 GDP 的比例大大提高5%。

我们和罗兰（Persson、Roland 和 Tabellini，2003）关注50个议会制民主国家（表1也源自这些国家的数据），从选举改革的横截面变量或时间序列变量来确定选举规则对支出的影响。结果发现，比例选举制下的支出会更高，而且数额接近我们（2003，2004）得出的量，不过这一结果似乎完全是由于比例代表选举制更易于形成联合政府。我们通过检验由基础理论模型产生的过度

① 在基本回归分析中保持恒定的变量包括：人均收入、民主的质量和持续时间、经济开放度、人口规模和年龄结构、联邦制指标、是否 OECD 成员、殖民历史和大陆区位。评估使用的是普通最小二乘法（OLS）、工具变量、Heckit 法（两阶段估计法）或倾向评分匹配（Propensity-score matching），所有的评估均产生类似结果。

识别限制得出这一结论。选举规则的几个特点，如选举公式、选区规模以及获得议会席位的最低阈值等，共同作为政府类型的工具变量。数据无法驳斥如下约束：即所有这些选举制度的衡量指标是政府类型的有效工具变量；也就是说，选举规则只通过政府类型影响政府支出，而不直接影响支出。

这个结果反映了图 1 所示数据的一个特征，其中，每个观测值对应于这 50 个议会制民主国家样本中的一个国家在 20 世纪 90 年代的平均水平。横轴衡量中央政府总支出占 GDP 比例的残差。纵轴衡量 90 年代期间联合政府发生率的残差——发生率在 0（无联合政府）到 1（始终出现联合政府）之间变化。根据构造，两个残差变量的均值为零，因此两轴测量的是各个自变量偏离其条件均值的偏差。于是，譬如图 1 横轴上的 -1 值将对应这样的国家：据预测在整个 90 年代会一直出现联合政府，结果却是一党政府统治。通过回归图 1 注解里列出的一组政策决定因素的每个变量（如人均收入和人口统计）得出残差。所以，图 1 显示的是政府支出规模以及与这些政策决定因素不相关的联合政府发生率的变化情况。显然，更频繁地出现联合政府与更大的政府支出相关联。图 1 中实线的斜率就是政府总支出对联合政府发生率进行 OLS 回归时的估计系数。它描述了联合政府（非一党政府）的统治对政府支出规模的长远影响。工具变量估计（使用选举规则的衡量指标作为政府类型的工具变量）进一步加大了联合政府对政府总支出的预计影响。早期将政府类型视为外生变量的经验研究也从其他数据集发现证据，证明更大的联合政府支出更高（例如，Kontopoulos 和 Perotti，1999；Baqir，2002）。

正如我们上文所提到的，国家对宪政的选择绝对不是随机的，一些经验研究也考虑了这一点（特别是 Persson 和 Tabellini，2003，2004）。然而蒂基等人（Ticchi 和 Vindigni，2003；Iversen 和 Soskice，2003）注意到一个特别微妙的问题：至少在 OECD 国家，比例选举规则经常伴随着左派政府，而右派政府则频繁出现在多数选举制下。这种相关性（并非联合政府的发生率）或可解释比例代表制开支更多的原因。但是为什么选举规则竟然会和意识形态上的政府类型有关？这些论文指出，多数选举制集中了权力，这往往有利于富人。此观点认为，在多数选举制下，少数派（无论谁当权都不太可能从支出中受益的群体）更愿意看到财政保守派执政而不是财政自由派执政，因为这能减轻他们的税收负担。所以，在赢家通吃的体制内，保守派政党有选举优势。如果选举规则的选择基于他们将推出的政策，这也许就能解释观察到的相关性：左派

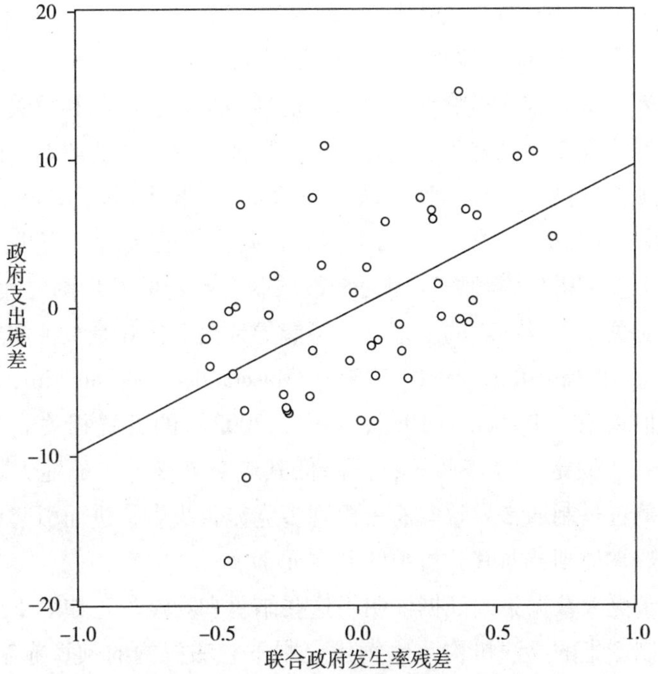

图 1　政府总支出与联合政府的发生率

注：将中央政府总支出（占 GDP 百分比）和联合政府发生率分别对下列变量进行回归从而得出残差：人均收入、国际贸易开放度、老年人口比例、种族语言分裂、英国殖民地起源，以及联邦政治体制虚拟变量。样本是 20 世纪 90 年代 50 个议会制民主国家。

资料来源：Persson、Roland 和 Tabellini（2003）

选民占主导地位时选择比例制，保守派占主导地位时选择多数制。然而，我们和罗兰（2003）的研究得出的经验研究结果质疑了这一观点。如果选举规则是通过政府的意识形态而不是政府内的政党数量影响政策，那么选举规则就不可能成为政府支出回归分析中度量联合政府发生率的一个有效工具变量——这和前面所讨论的结果正好相反。

最后，假若联合政府内部谈判的低效导致了高支出，那它们也可能造成其他扭曲。若干论文研究了跨期财政政策，视政府类型为外生因素，但都认为联合政府面临更严重的"公共池问题"（common-pool problem）。"公共池"是当多个用户独立决定要开发多少某种公共资源（比如鱼）时易造成过度开发的倾向；这个公共资源就好比当前和未来的税收收入。在回顾对政府预算赤字的广泛研究中，阿莱西纳等人（Alesina 和 Perotti，1995）借鉴了维拉斯科

（Velasco，1999）的分析，指出联合政府更容易出现赤字。哈勒贝格等人（Hallerberg 和 von Hagen，1998，1999）明确把公共池问题的严重程度和选举制度联系起来，认为这会影响到预算程序的适当形式。欧洲和拉美国家的一些经验支持了这些观点。联合政府面临更多有可能否决改革的政客，因此在遭受不利冲击之后它可能将无力改变政策（Roubini 和 Sachs，1989；Alesina 和 Drazen，1991）。此外，在发达的民主国家，政府更迭或者政府更迭的威胁在比例选举制下发生得更为频繁（因为少数派联合政府的发生率更大）。当政府必须经常面对关乎自身存亡的一票时，可能导致更多的政策短视和更大的预算赤字（Alesina 和 Tabellini，1990；Grilli、Masciandaro 和 Tabellini，1991）。这些想法与策伯利斯（Tsebelis，1995，1999，2002）的见解相关，认为更多的否决者往往会“锁定”经济政策，并降低其应对外来冲击的能力。在策伯利斯看来，比例选举制通常导致政府中出现多党派否决者，进而引起更多的政策短视，即使选举规则并非其分析中的基本元素。

部分基于更大数据集的证据证明了这些结果和观点。正如表 1 所示，相比于简单多数制产生的立法机构，比例代表制下立法机构的预算赤字占 GDP 的比例约增加 1%（虽然这个差异在表 1 中不具统计显著性）。我们（2003）研究了从 20 世纪 90 年代开始甚至从 60 年代开始的更大数据集，结果显示，当控制政策的其他决定因素后，这项差异增长至 GDP 的 2% 左右并在统计上显著。也有证据表明，选举规则与政府对经济冲击的反应相关：在比例制民主国家，经济萧条时支出占 GDP 的比重会上升但在景气期不会下降，而在其他选举制度下周期性波动对财政政策往往是对称的影响。

政府形式与政治代表性

议会制民主国家的显著特征是，行政机关随时可以由立法机关通过不信任投票来撤销。在这类国家，政府也有提出立法和制定议程的强大权力。因此代表政府的政党具有重要的谈判权，而一旦真正发生政府危机，他们将可能失去这些权力。所以，信心要求连同政府的议程设置特权形成了强大的激励机制，以维护执政党或执政联盟内部的纪律，一如舒加特等人（Shugart 和 Carey，1992）的阐述以及休伯等人（Huber，1996；Diermeier 和 Feddersen，1998）正式建模所做的研究。用文献的术语来说，就是信心要求创造了“立法凝聚力”——由一个稳定的多数派支持内阁并对政策建议进行共同表决。当无法通过不信任投票撤销行政机构时，如在总统制下那样，结果则是多数派内部产生不稳定的联盟和较差的纪律性。

在这个想法的基础上，我们和罗兰（2000）比较了立法谈判的替代安排。在议会制民主国家，稳定多数的立法者追求其选民的共同利益。支出因而以最优方式投向大部分选民，如广泛的社会转移支付项目或一般公共产品等。在总统制民主国家，（相对）缺乏这样一个多数派反而使不同少数派的利益在立法议程的不同问题上相互对立。结果，具有广泛利益的项目被搁浅，支出分配偏向权力大的官员（例如美国国会委员会负责人）所在选区的少数派。

此外，在议会制下，稳定多数的现任立法者以及支持他们的大多数选民成为额外收入的“剩余索取者”；他们可以将支出收益保持在多数派内，但把部分成本分摊到多数派以外的人群。这两类多数派都青睐高税收和高支出。另一方面，总统制下并不存在这种收入剩余索取者，所以大部分纳税人和立法者均抵制高支出，因为这些利益将直接流入不同的少数派手中。

因此，人们认为总统制比议会制具有更低的总支出和税收，一方面是由于总统制政权不需要面对不信任投票的风险，另一方面是由于上文提及的权力分立。总统制应该与更多的定向项目相关，而以广泛的支出项目为代价。

部分这些预测获得了证据的有力支持。图 2 针对 20 世纪 90 年代 83 个民主国家的总统制虚拟变量绘制了政府总开支占 GDP 的比例，并考虑了财政政策的其他几个可能的决定因素（包括选举制度）。而在图 1 里，两轴度量的是针对图 2 注中列出的那组政策因素进行回归时的两个变量的残差。根据构造，这两个变量的平均值为零，且图 2 显示每个变量的其余变化与作为回归量的政策因素并不相关。因此，横轴上的值 1 表示据预测应是议会制、结果却是总统制的国家；相反情况则表示为值 -1。总统制国家指的是行政机关不向立法机关负责的国家。这里明显出现一个强的负相关关系：对应于 OSL 系数估计的回归线斜率大约为 -5。这意味着对于从这一样本中随机抽取的某个国家，政府形式从议会制转换成总统制的宪政改革最终会使政府支出总规模下降约 GDP 的 5%——这是个非常大的数字。我们的研究（2003，2004）表明，这个结果对样本中的各国、控制变量的设定以及估算方法（包括最小二乘法、工具变量、赫克曼式的修正和倾向得分匹配）极具稳健性。和选举规则的情况一样，当前观察到的差异主要来自过去 40 年里政府不同幅度的扩张，而且议会制民主国家的支出增长要比总统制民主国家的快很多。

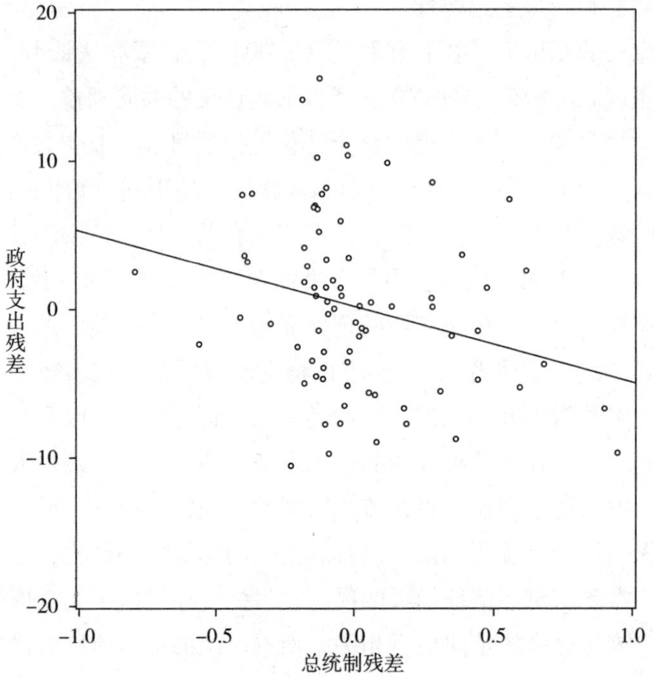

图 2　政府总支出和政府形式

注：将中央政府总支出（占 GDP 百分比）和影响总统制的一个虚拟变量分别对下列变量进行回归从而得出残差：人均收入、国际贸易开放性、老年人口比例和年轻人口比例、种族语言分裂、民主的质量与持续时间，以及简单多数选举制、联邦政治体制、经合组织成员国、大陆位置和殖民地起源等虚拟变量。样本是 20 世纪 90 年代 83 个民主国家。

资料来源：Persson 和 Tabellini（2003）

纳入总统制对公共支出规模的影响不仅是国家政府、也是地方政府的一个特征。巴吉尔（Baqir，2002）比较了政府形式不同的美国城市的公共支出。实行议会制的城市由市议会任命市长；实行市长负责制的城市则直接选举产生市长。巴吉尔发现，市长负责制城市政府的公共支出确实比市长要对市议会负责的城市少。

最后，总统制下普遍性的福利计划规模较小的预测结果只在较为良好的民主国家出现，这类总统制民主政体的确开支较小，约少 GDP 的 2%。

政府类型与政治代表

我们知道，还没有正式的理论分析明确尝试比较总统制与议会制政体下的预算赤字规模或政策对经济冲击的反应。从理论上讲，这类比较可能会有两种结果。一方面，相对于议会制，总统制下行政机关的固定任期和更稳定的持久性可以减少政策短视，导致较小的预算赤字以及对不良事件更迅速的反应。另一方面，在采取政府分权的总统制政体内——即行政官员和国会多数来自不同政党，当双方试图回应经济遭遇的不利冲击时可能陷入僵局。事实上，阿尔特等人（Alt 和 Lowry，1994）尝试解释，在美国那些州长和州议会多数受不同党派控制、政府处于分裂状态的州，财政赤字的发生率和政府对冲击的应对。① 政治学家常常批评拉美国家的总统制大体僵化而无效，可以说是同出一辙的观点。

我们（2003）曾指出，并无有力证据证明政府赤字受政府形式的系统性影响。但我们的确发现针对经济和政治事件作出财政政策调整方面存在系统性差异。在总统制民主国家，支出和赤字具有顺周期性而不是逆周期性。此外，选举后推行财政紧缩政策仅见于总统制民主国家，它们一般在选举后的年份里精简开支、改善赤字，幅度不低于 GDP 的 1%。这些有关财政政策动态的结果，在控制拉美国家在总统制民主国家集合里的过高比例后仍具有很强的稳健性。然而，如何解读数据中的这些制度依赖模式还远未可知，也许我们需要根据不同政府形式下的政策决策变化开展新一轮的理论研究。

结　语

宪政规则似乎能影响经济政策。无论是经济学家还是政治学家，最终感兴趣的不仅是政府政策本身，而是它们对经济表现的整体影响。这是一个较为棘手的问题，因为关于经济表现的政策决定因素我们仍然知之甚少，而且我们所了解的知识表明那是非常复杂的交互模式。

然而，人们总禁不住要探索数据、检查它们是否存在稳健的相关性。我们（2003）从 20 世纪 90 年代约 75 个民主国家中发现了一些有趣的初步模式。将

① 在研究美国各州财政政策的文献中，一个类似观点指出，其他的立法制度——比如州长的择项否决权（line-item veto）——更关注分权政府下的税收、支出和赤字，此观点得到了一些选民的支持。同样，我们建议读者参考 Besley 和 Case（2003）对这类文献所作的广泛调查。

选举规则粗略分为比例制和多数制似乎与经济表现并无很强的相关性。但是，以广泛的产权保护以及贸易和金融开放度指标来衡量，议会制政体与更好的经济表现和促进增长的政策有关（与 Hall 和 Jones 在 1999 年一项著名研究中考虑的政策相同）。反过来，这些政策对生产率有正的影响。人们很容易将这些研究结果解释为：议会制民主政体能更好地提供公共产品或制定利益得到广泛分配的政策，因为保护产权的监管政策和非贸易保护主义政策可以从这些方面进行描述。但是总统制的负面影响只存在于民主质量得分最低的民主国家；这表明，也许并非总统制政府本身不利于经济表现，而是因为在薄弱的制度环境下，由直接选举产生的强大行政机构，人们无法轻易阻止其政治权力的滥用。

佩尔松（Persson，2003）更进一步，将样本延伸至面板数据和非民主国家，以便能够利用进入或退出不同类型的民主宪政这个因素。他的初步研究结果，也与议会民主制对促进增长的政策和劳动生产率具有显著的正面影响相符（相对于总统制民主国家和非民主国家）。他还指出，阿西莫格鲁等人（Acemoglu、Johnson 和 Robinson，2001）建议的一个富于想象力的促进增长的政策工具，确实有可能在议会民主制（和更好的刺激经济政策）下促成更好的经济表现。① 研究数据中的这些模式的稳健性和对它们的精确解释，是未来一项令人兴奋的任务。另一个有趣的相关研究工作是探讨成为民主国家对经济表现的影响（例如，Roll 和 Talbott，2002；Przeworski 和 Limongi，1993）。

本文所讨论的文献蕴含着怎样的宪政改革整体后果呢？它表明，选举改革和政府形式的改变通常需要在问责性和代表性之间进行权衡取舍，政治学家早就提出了这一观点，这些权衡可以扩展到经济政策结果。特别地，简单多数制通过强化政客取悦选民的激励机制从而加强了问责制，并导致政治租金降低、腐败现象减少。但它也令政治候选人更积极地回应关键选民群体的意愿，这推高了将利益瞄准狭窄选区的倾向，且以牺牲诸如福利国家支出和一般公共产品这类能惠及更多人的项目为代价。证据表明，这两种效应在数量上都不容忽视。

此外，小规模选区配简单多数制催生较少的政党。这一点也包含了几层意思。一方面，罢免不诚实或不称职的现任官员变得更加困难，因为选民常常会

① 这些作者认为：（i）西欧殖民对制度的影响是长久的，（ii）殖民者是建立生产性制度还是攫取性制度系统性地取决于殖民地的生活条件，（iii）后者可以通过 19 世纪初移民者的（非军事）死亡率来度量。据此他们认为，早期移民者的死亡率是度量刺激增长制度的一个好的工具变量。

支持那些无视诚实、但意识形态却与挑战者相反的在职者。另一方面，联合政府（在议会制民主政体中）的发生率下降了，而这有可能导致出台更有效的政策。这些变化对问责制产生的整体效果并不明确。但是，联合政府治下的政府规模和预算赤字更大，且后者受比例代表制和大规模选区所推动。

然而，这类研究的另一个重要教训是，任何现实世界的选举改革都应关注选举制度的具体细节和具体的国家特征。对于某些情况，或许可以结合本文所讨论的主要类别。例如，在智利和毛里求斯，选民投票给由两个或三个席位选区按多数制选举产生的个人。这种安排也许算是同时吸收了个人问责和简单多数制的优势。而在另一些情形，本文所讨论的相关性可能并不成立。例如，意大利等一些国家会发现，即使转向实行一党立法选区制度，他们最终仍会产生大量的政治党派和联合政府，因为这些国家的政治偏好反映了地理区位，使得小党派肯定能在某些选区胜出。我们预期，未来对宪政和经济政策的研究，将更好地理解和利用宪政与具体国家特征之间的这些微妙互动。

（颜超凡 译）

参考文献

Acemoglu, D., S. Johnson and J. Robinson (2001), "The Colonial Origins of Comparative Development: An Empirical Investigation", *American Economic Review* 91, 1369 - 1401.

Alesina, A. and A. Drazen (1991), "Why are Stabilizations Delayed?", *American Economic Review* 81, 1170 - 1188.

Alesina, A. and R. Perotti (1995), "The Political Economy of Budget Deficits", *IMF Staff Papers*, March.

Alesina A. and G. Tabellini, (1990), "A Positive Theory of Fiscal Deficits and Government Debt", *Review of Economic Studies*.

Alt, J. and D. Lassen (2002), "The Political Economy of Institutions and Corruption in American States", EPRU working paper, University of Copenhagen.

Alt, J. and R. Lowry (1994), "Divided Government, Fiscal Institutions and Budget Deficits: Evidence from the States", *American Political Science Review* 88, 811 - 828.

Austen - Smith, D. (2000), "Redistributing Income under Proportional Representation", *Journal of Political Economy* 108, 1235 - 1269.

Baqir, R. (2002), "Districting and Government Overspending", *Journal of Political Economy* 110, 1318 - 1354.

Bawn, K. and N. Rosenbluth (2003), "Coalition Parties vs. Coalition of Parties. How Electoral Agency Shapes the Political Logic of Costs and Benefits", mimeo, Yale University.

Besley, T. and A. Case (1995), "Does Political Accountability Affect Economic Policy Choices? Evidence from Gubernatorial Term Limits", *Quarterly Journal of Economics* 110, 769 - 798.

Besley T. and A. Case (2003), "Political Institutions and Policy Choices: Evidence from the United States", *Journal of Economic Literature* XLI 1, 7 - 73.

Bingham Powell, G. (2000), Elections as Instrumentsof Democracy - Majoritarian and Proportional Visions, Yale University Press, New Haven.

Blais, A. and L. Massicotte (1996), "Electoral Systems" in LeDuc, L., R. Niemei and P. Norris (eds.) Comparing Democracies: Elections and Voting in Global Perspective, Sage.

Carey, J. and M. Shugart (1995), "Incentives to Cultivate a Personal Vote: A Rank Ordering of Electoral Formulas", Electoral Studies 14, 417 - 439.

Cox, G. (1997), Making Votes Count, Cambridge, UK: Cambridge University Press.

Djankov, S., E. Glaeser, R. La Porta, F. Lopez - de - Silanes and A. Shleifer (2003), "The New Comparative Economics", *Journal of Comparative Economics*, December.

Diermeier, D., and T. Feddersen (1998), "Cohesion in Legislatures and the Vote of Confidence Procedure", *American Political Science Review* 92, 611 - 621.

Duverger, M. (1954), Political Parties: Their Organization and Activity in the Modern State, B. North and R. North, trans. New York: John Wiley.

Golden, M. and E. Chang (2001), "Competitive Corruption: Factional Conflict and Political Malfeasance in Postwar Italian Christian Democracy", *World Politics* 53, 558 - 622.

Golden, M. and E. Chang (2003), "Electoral Systems, District Magnitude and Corruption", mimeo, UCLA.

Grilli, V., D. Masciandaro and G. Tabellini (1991), "Political and Monetary Institutions and Public Financial Policies in the Industrialized Countries", *Economic Policy*, n. 13.

Hall, R. and C. Jones (1999), "Why Do Some Countries ProduceSo Much More Output per Worker than Others?" *Quarterly Journal of Economics* 114, 83 - 116.

Hallerberg, M. and J. Von Hagen (1998), "Electoral Institutions and the Budget Process." In Fukasaka, K. and R. Hausmann (eds.), Democracy, Decentralization and Deficits in Latin America. Paris: OECD.

Hallerberg, M. and J. Von Hagen (1999), "Electoral Institutions, Cabinet Negotiations, and Budget Deficits in the European Union." In J. Poterba and J. Von Hagen (eds.), Fiscal Institutions and Fiscal Performance, Chicago, IL: University of Chicago Press.

Holmström, B. (1982), "Managerial Incentive Problems - a Dynamic Perspective." In Essays in Economics and Management in Honor of Lars Wahlbeck. Helsinki: Swedish School of Economics. Reprinted in Review of Economic Studies 66, 1999, 169 - 182.

Huber, J. (1996), "The Vote of Confidence in Parliamentary Democracies", *American Political Science Review* 90, 269 - 282.

Iversen, T. and D. Soskice (2003), "Electoral Systems and the Politics of Coalitions Why some Democracies Redistribute more than Others?", mimeo, Harvard University.

Kontopoulos, Y. and R. Perotti (1999), "Government Fragmentation and Fiscal Policy Outcomes: Evidence from the OECD Countries." In: Poterba, J. and J. von Hagen, (eds.), Fiscal Institutions and Fiscal Preference. Chicago, IL: University of Chicago Press.

Kunicova, J. and S. Rose Ackerman (2001), "Electoral Rules as Constraints on Corruption: the Risks of Closed – List Proportional Representation", mimeo, Yale University.

Lijphart, A. (1990), "The Political Consequences of Electoral Laws 1945 – 85", *American Political Science Review* 84, 481 – 496.

Lizzeri, A. and N. Persico (2001), "The Provision of Public Goods under Alternative Electoral Incentives", *American Economic Review* 91, 225 – 245.

Milesi – Ferretti G – M., Perotti, R. and M. Rostagno (2002), "Electoral Systems and the Composition of Public Spending", *Quarterly Journal of Economics* 117, 609 – 657.

Myerson, R. (1993), "Effectiveness of Electoral Systems for Reducing Government Corruption: A Game Theoretic Analysis", *Games and Economic Behavior* 5: 118 – 132.

Peltzman, S. (1992), "Voters as fiscal conservatives", *Quarterly Journal of Economics* 107: 329 – 361.

Persson, T (2003), "Consequences of Constitutions", Presidential Address at the 2003 EEA Congress, Stockholm, *Journal of the European Economic Association*, forthcoming.

Persson, T. and G. Tabellini (1999), "The Size and Scope of Government: Comparative Politics with Rational Politicians, 1998 Alfred Marshall Lecture", *European Economic Review* 43: 699 – 735.

Persson, T. and G. Tabellini (2000), Political Economics: Explaining Economic Policy, Cambridge, MA: MIT Press.

Persson, T. and G. Tabellini (2003), Economic Effects of Constitutions, MIT Press, Cambridge.

Persson, T. and G. Tabellini (2004), "Constitutional Rules and Economic Policy Outcomes", *American Economic Review*, forthcoming.

Persson, T., G. Roland and G. Tabellini, G. (1997), "Separation of Powers and Political Accountability", *Quarterly Journal of Economics* 112: 1163 – 1202.

Persson, T., G. Roland and G. Tabellini (2000), "Comparative Politics and Public Finance", *Journal of Political Economy* 108, 1121 – 1161.

Persson, T., G. Roland., and G. Tabellini, (2003), "How do Electoral Rules Shape Party Structures, Government Coalitions and Economic Policies?, mimeo, Bocconi University.

Persson, T., G. Tabellini and F. Trebbi (2003), "Electoral Rules and Corruption", *Journal of the European Economic Association* 1, 958 – 989.

Prezworski, A, S. Stokes and B. Manin (1999), Democracy, Accountability and Representation, Cambridge UP, Cambridge.

Prezworski, A. and F. Limongi (1993), "Political Regimes and Economic Growth", *Journal of Economic Perspectives*, summer.

Poterba and Von Hagen (1999) (eds.), Fiscal Rules and Fiscal Performance. Chicago: University of Chicago Press.

Roll, R. and J. Talbott 2002, "Why Many Developing Countries Just Aren't", Mimeo, Anderson School, UCLA.

Roubini, N. and J. Sachs (1989), "Political and Economic Determinants of Budget Deficits in the Industrial Democracies", *European Economic Review* 33, 903 –933.

Shugart, M. and J. Carey (1992), Presidents and Assemblies: Constitutional Design and Electoral Dynamics, Cambridge UK: Cambridge University Press.

Strom, K. (1990), Minority Government and Majority Rule, Cambridge University Press.

Strömberg, D. (2003), "Optimal Campaigning in Presidential Elections: The Probability of Being Florida," mimeo, IIES.

Taagepera, R. and M. Shugart (1989), Seats and Votes: The Effects and Determinants of Electoral Systems, New Haven, CT: Yale University Press.

Ticchi, D. and A. Vindigni (2003), "Endogenous Constitutions", mimeo, IIES, University of Stockholm.

Tsebelis, G. (1995), "Decision – making in Political Systems: Veto Players in Presidentialism, Parliamentarism, Multicameralism and Multipartyism." *British Journal of Political Science* 25, 289 –236.

Tsebelis, G. (1999), "Veto Players and Law Production in Parliamentary Democracies", *American Political Science Review* 93, 591 –608.

Tsebelis, G. (2002), Veto Players: How Political Institutions Work, Princeton, NJ: Princeton University Press.

Velasco, A. (1999), "A Model of Endogenous Fiscal Deficit and Delayed Fiscal Reforms" In J. Poterba and J. von Hagen (eds.), Fiscal Rules and Fiscal Performance, Chicago, IL: University of Chicago Press.

前沿

Guide

Comparative

经济学与移民

人行道上的万亿美元？

迈克尔·克莱门斯

全球经济中最大类的单一扭曲是什么？角逐这一称号的是限制贫穷国家移民的制约因素。然而，经济学中对这种扭曲造成的影响鲜有研究。迁移经济学（migration economics）关注的焦点在别处，即移民的进入、人口流动如何影响流入地的经济，而往往忽视对移出地的影响。

低收入国家的大部分居民想移到他国，却无能为力。盖洛普世界民意调查（The Gallup World Poll）发现，全球四分之一最贫穷的国家中，40%以上的成年人"想永久迁移到他国"，如果有机会，圭亚那和塞拉利昂想移民的成年人占60%甚至更多（Pelham and Torres，2008；Torres and Pelham，2008）。对外移民受多种因素的限制，比如信贷约束和原籍国信息不充分等（Hatton and Williamson，2006）。然而，目的国的政策壁垒在限制移民方面无疑扮演了重要角色。美国每年的多元移民绿卡抽签上充分体现了这一壁垒，永久性移民签证主要分配给发展中国家。2010财年，1360万申请只签发了5万签证（U. S. Department of States，2011）——中签比为272∶1。许多其他的潜在移民目的国，如日本，限制比美国更多。

---

* Michael A. Clemens，华盛顿智库全球发展中心（Center for Global Development，CGD）的高级研究员，纽约大学瓦格纳公共政策学院和经济系访问学者。原文发表于 *Journal of Economic Perspective*，Vol. 25 No. 3（2011）。

迁移壁垒造成了多大的经济损失呢？这一方面的研究乏人问津因而显得极其重要，我们所做的少量估计会让经济学家大跌眼镜。当提到限制移民的政策时，似乎随之而来的就是数以万亿美元的收益。本文第一节回顾了对减少移民壁垒带来的全球收益的现有估计。消除这些壁垒获得的收益占世界 GDP 的一大部分——比消除现有国际商品和资本流动壁垒所能获得的收益还要多 1—2 个量级。不过，这些估计对假设很敏感，在接下来的各节中，我将从支撑这些估计的四种假设来讨论目前可获得的有限研究：移民是如何影响非移民的？劳动需求曲线的形状，区位对生产率的影响，更大迁移的可行性。这些问题并非迁移经济学传统研究内容的关注点；最后，我将推测其中的原因，并提出新的研究议程。

对降低移民壁垒所获收益的估计

一些学者已经建立了世界经济模型来估计消除各种贸易、资本流动和迁移壁垒所能获得的收益。表 1 概括了研究人员近年来对消除贸易壁垒，以及消除资本流动和迁移壁垒所获收益的所有（据我所知）现有的估计结果。即使不深入探究这些研究的细节，所得到的总体结论也是无误的和明显的：消除迁移壁垒获得的收益要比消除其他壁垒获得的收益大 1—2 个数量级。据估计，通过消除贸易和资本流动壁垒带来的收益不到世界 GDP 的百分之几；而消除劳动力流动壁垒带来的收益通常在世界 GDP 的 50%—150% 之间。

事实上，现有的估计表明，即使只略微降低劳动力流动壁垒，其收益也是相当大的。在表 1 所示的研究中，完全消除迁移壁垒所能获得的收益只能通过大规模人口流动来实现——贫穷国家至少一半的人口需要迁移到富裕国家。实际上不需要这么大规模的迁移就可以获得巨大收益。表 2 大体展示了消除部分劳动力流动壁垒获得的效率增益（efficiency gains），保守地看，贫穷地区不到 5% 的人口外移所带来的收益就已经超过了完全消除贸易和资本流动壁垒所带来的收益。为了便于比较，目前约 2 亿人，约占世界总人口的 3%，生活在出生国以外（联合国，2009）。

国际移民增加带来的大量收益（估计值）是否违反了我们的经济直觉，或者经过深思熟虑后至少有一定的合理性？我们可以检验这些估计值背后的计算。将世界划分为“富裕区”和“贫困区”，其中“富裕区”有 10 亿人口，人均年收入 3 万美元；“贫困区”有 60 亿人口，人均年收入为 5000 美元。假设来自贫困区的移民生产率较低，因而通过移民他国获得的收入只是两地区收

表 1 消除国际壁垒获得的效率增益（占全球 GDP 的百分比）

取消商品贸易的所有政策壁垒	
1.8	Goldin、Knudsen 和 van der Mensbrugghe (1993)
4.1	Dessus、Fukasaku 和 Safadi (1999)[a]
0.9	Anderson、Francois、Hertel、Hoekman 和 Martin (2000)
1.2	世界银行 (2001)
2.8	世界银行 (2001)[a]
0.7	Anderson 和 Martin (2005)
0.3	Hertel 和 Keeney (2006，表 2.9)
取消资本流动的所有壁垒	
1.7	Gourinchas 和 Jeanne (2006)[b]
0.1	Caselli 和 Feyrer (2007)
取消劳动力流动的所有壁垒	
147.3	Hamilton 和 Whalley (1984，表 4，第 2 行)[c]
96.5	Moses 和 Letnes (2004，表 5，第 4 行)[c]
67	Iregui (2005，表 10.3)[c,d]
122	Klein 和 Ventura (2007，表 3)[e]

注：[a]这些研究假定贸易对生产率有正面影响，而其他贸易研究假设没有影响。

[b]消费而非 GDP 的变化。

[c]假设生产中只使用两种要素，且资本不能流动、全要素生产率无差异。这里列举的研究，从 Hamilton 和 Whalley 到 Moses 和 Letnes 都假设，移民和非移民的内在生产率并无差异。Moses 和 Letnes 的研究中一些更小的估计假设来自贫穷国家的移民在目的国的生产率只有目的国原居民生产率的 1/5，并认为（正如作者在脚注 12 中指出的）这是极其保守的数字。

[d]可计算的一般均衡模型（CGE）。

[e]假定生产中使用三种要素，以及动态增长模型中全要素生产率的国际差异。

入差距的 60%，即年收入 15000 美元。随着移民继续流入，边际收益递减，假设年平均收入只有 7500 美元。如果贫困区的一半人口移民他国，移民获得的收入是 23 万亿美元，是世界 GDP 的 38%。对非移民而言，这种移民潮的结果会有较复杂的影响：据推测，贫困区平均工资水平会上升而富裕区会下降，同时富裕区资本回报率上升而贫困区下降。其他变动的净效应理论上可能是负值、零或正值。但综合考虑这些因素和移民的收益时，我们可以合理地估计全

表 2　部分消除劳动力流动壁垒获得的效率增益

	移除壁垒	净移民率（原住民占地区人口的百分比）	效率增益（占全球 GDP 百分比）
Moses 和 Letnes（2004，2005）	全部	73.6	96.5
	部分	29.3	54.8
	部分	10.3	22.0
Iregui（2005）	全部	53	67
		24	31
Klein 和 Ventura（2007）	全部	>99	122
	部分	14.8	20
	部分	7.3	10
Walmsley 和 Winters（2005）	部分	0.8	0.6
	部分	1.6	1.2
van der Mensbrugghe 和 Roland – holst（2009）	部分	0.8	0.9
	部分	2.0	2.3

注：Moses 和 Letnes 关于移民率的数据来自于 Moses 和 Letnes（2005）表 9.3；效率增益的数据来自 Moses 和 Letnes（2004）表 9，按比例假设国家间相同的内在劳动生产率（例如，表 9 中消除 10% 的工资差距会带来 7740 亿美元的收益，乘以表 5 中 96.5/9.6 的比率等于内在劳动生产率，按全球 GDP 划分占比为 22%）。Iregui（2005）的数据来自表 10.3、10.6、10.8 和 10.9。Klein 和 Ventura（2007）的数据来自于表 2 和表 7（对外移民率从假定分配给贫穷地区的人口中计算而得）。Walmsley 和 Winters（2005）的数据来自表 4 和表 11，假设 80% 的世界人口始于（净）移民输出国。van der Mensbrugghe 和 Roland – holst（2009）的数据来自于表 6 和表 7，同样假设 80% 的世界人口始于（净）移民输出国。2001 年全球 GDP 为 32 万亿美元，到 2025 年会增加一倍（以 2001 年美元计价），达到 64 万亿美元。

部收益为全球 GDP 的 20%—60%。这与表 1 和表 2 中令人吃惊的数字一致。

这种计算意味着要对全球劳动力流动带来的估计收益做不同形式的合理检验，即比较不同类型的国际壁垒造成的价格差。如果消除劳动力流动壁垒获得的收益大于消除贸易壁垒和资本流动壁垒获得的全部收益，我们应该会看到不同劳动力市场上的国际价格差远大于不同商品和资本市场之间的价格差。事实上，这正是我们所看到的模式。根据安德森和范温库普的估计（Anderson and van Wincoop，2004，第 692 页），典型的国际贸易成本，不仅是政策壁垒而是所有的壁垒，包括距离、语言、货币和信息，大致相当于 74%

的从价关税①；同样的商品在不同国家市场的价格差也类似（例如，Bradford and Lawrence，2004）。拉蒙特和赛勒（Lamont and Thaler，2003）发现，同样的金融工具在全球范围内的价格差很少超过15%。这些价格差相对于全球劳动力价格差而言是小巫见大巫。在我和蒙特内格罗以及普利切特（Clemens、Montenegro and Pritchett，2008）的研究中，我们注意到，在美国和海地、尼日利亚、埃及这样的国家之间，可观测到的相同低技能工人的实际收入差距超过1000%②。我们的分析表明那些迁移和未迁移的人口之间观测不到的差别不足以解释那么大的工资差距。

所有这些都表明，降低移民壁垒获得的收益可能是巨大的，甚至高达几十万亿美元。当然，表1和表2中的估计在准确度上对模型的假设高度敏感。为了方便起见，我将用研究者的名字的首字母来指代：汉密尔顿和沃利（Hamilton and Whalley，1984，以下简称*HW*），摩西和莱特尼斯（Moses and Letnes，2004，2005，以下简称*ML*），艾瑞圭（Iregui，2005，以下简称*I*），克莱因和文图拉（Klein and Ventura，2007，以下简称*KV*），沃姆斯利和温特斯（Walmsley and Winters，2005，以下简称*WW*），范德门斯布拉格和罗兰—霍尔斯特（van der Mensbrugghe and Roland - holst，2009，以下简称*VR*）。这些研究的主线从一个静态局部均衡模型（*HW*和*ML*）演变到静态可计算一般均衡模型（*I*，*WW*，*VR*），再到动态增长模型（*KV*）。有些人考虑了两种要素：劳动力和不流动的资本（HW，ML，I）；有些人允许流动的资本加上第三种要素和全要素生产率的国际差异（*KV*，*WW*，*VR*）；还有一些研究进一步区分了技术和非技术劳动力（*KV*，*I*，*WW*，*VR*）。这些模型的结论差异主要取决于如何解释技术移民的效应；生产函数的设置和参数（以及劳动力需求和供给弹性）；劳动力内在生产率和全要素生产率国际差异的假设；劳动力流动的可行度。③其他要素的流动性假设同样很重要；在*KV*的研究中，劳动力流动带来的大部分全球效率增益需要可流动的资本去“追逐”劳动力，正如哈顿和威廉姆森

① 这仅包括国际贸易成本，不包括国内分销及零售成本。

② 这里，“可观测到的相同”是指35岁的城市男性，受过9—12年的教育，在原籍国出生并接受教育。

③ 原文中的一些估计假定来自最贫穷国家的工人生产率仅为富裕国际工人生产率的1/3（Hamilton and Whalley，1984）或1/5（Moses and Letnes，2004）。这种假设看起来是极其保守的（如Moses and Letnes在脚注12中指出的）。Klein和Ventura（2007）的模型将Klein和Ventura（2009）的模型扩展到描述向稳定状态的过渡。

(Hatton and Williamson，1994) 所描述的那样。

要理解对劳动力流动收益的不同估计结果背后的深层次内容，我们需要以下四种特征的更好信息：(1) 对外移民（尤其是技术性的）对非移民生产率的外部效应（external effects）是什么？上述很多估计都是基于这种效应很小或为零的假设。(2) 原籍国和目的国的劳动力需求弹性是什么？对这个问题的既有研究是否都确保了其正确性？(3) 生产率的国际差异有多少取决于劳动力的内在特性，当劳动力流动时这些特性也随之流动；又有多少取决于他们的周边环境？对生产率而言最关键的是“你是谁，还是你在哪里”？(4) 最后，鉴于当前阻碍移民的许多壁垒，未来什么样的移民水平是可行的？

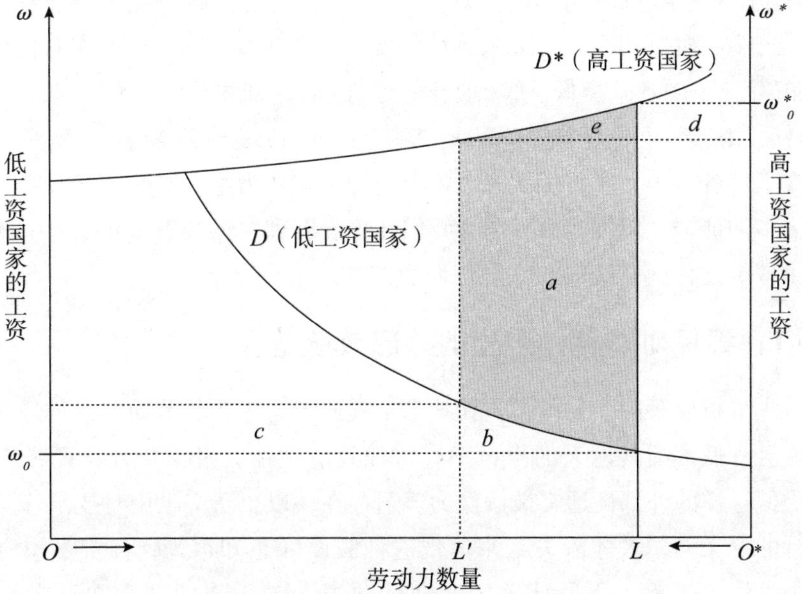

图 1　通过移民获得收益的决定因素

注：移民福利收益对应 a + b 区域。低收入国家的劳动收益为区域 c；其他要素持有者（比如，资本和土地）受损区域为 b + c。高收入国家劳动损失区域为 d；其他要素持有者的收益区域为 d + e。总之，全球福利收益为阴影区域 a + e。

图 1 说明了这些问题的答案有多重要。沿用巴格瓦蒂（Bhagwati，1984）的方法，设定世界上有两个国家：低工资国家和高工资国家。低工资国家的工资位于左侧纵轴，该国劳动力数量从左至右来测量，即从 O 到 L。劳动需求曲线为 D。高工资国家的工资位于右侧纵轴，该国劳动力数量从右至左来测量，

即从 O^* 到 L。劳动需求曲线为 D^*。因此，世界劳动力供给为横轴的全部长度 OO^*。每个国家的初始工资为 w_0 和 $w_0{}^*$。如果允许劳动力完全自由迁移，两国间的工资率会在劳动需求曲线相交点处均衡。移民增加，即让 L 到 L' 的劳动力从低工资国家迁移到高工资国家，会导致高工资国家工资率相对小幅下降，低工资国家工资率相对小幅上升，移民的收入大幅增加。低工资国家的非移民获益而高工资国家的非移民受损；低工资国家其他要素（如资本和土地）的所有者受损，但高工资国家的其他要素所有者获益。加上这些福利效应，全球福利的增加额相当于图中的阴影区域。

此图很清楚地展示了对上述四个问题的回答如何勾勒出全球福利收益的规模。如果对外移民对非移民产生外部负效应，收益会被随之下降的需求曲线抵消。如果原籍国或目的国的劳动力需求富有弹性，收益会缩减。由于移居他国的移民较目的国的非移民的内在生产率低，那么真正的劳动力需求曲线要低于 D^*，收益也会缩减。最后，随着可行的迁移规模缩减，L' 趋近于 L，那么收益也会再次缩减。

在下面各节中，我将依次思考每个问题。我认为绝大多数经济学家需要比现在更多的证据，但现有的证据让我们几乎没有理由怀疑表 1 和表 2 中的数字夸大了减少迁移壁垒获得的收益。

问题 1：移民对非移民产生的外部效应是什么？

首先分析原籍国。一些人，如技术工人或者有才能的劳动力，离开贫穷国家或许会降低该国其他人的生产率。这种效应往往会抵消对外移民带来的收益。类似这样的外部性通常被假设为普遍存在，以至于文献中对技术移民用一个流行的贬义词“人才流失”来体现这种假设（想知道为何经济学家应该避开这个术语，想象一下阅读关于女性劳动力参与工作的期刊文章中称其为“家庭放弃率”）。吉布森和麦肯兹（Gibson and Mckenzie）对这个问题的相关文献进行了综述并提出了批评。

但是，关于在什么情况下技术工人对外移民导致的净损失与原籍国技术工人的存量是均等的，这种研究并不深入。芒福德（Mountford，1997），斯塔克等人（Stark、Helmenstein and Prskawetz，1997）和随后的文献中提出的理论认为，当移民到高工资国家成为可能时，即使成本高昂并带有不确定性，所有潜在移民的人力资本预期价值也会提高。因为并不是所有被鼓励投资于移民的潜在移民都会离开，对一些人来说，有对外移民这种选择会促使他们在本国提升人力资本存量。宏观和微观研究都表明这种效应是真实的，而且大到足以抵消一定条件下的移民效应（Beine、DocquierandRapoport，2008；Chand and Clemens，2008；Batista、Lacuestaand Vicente，2011；Docquier and Rapoport，即将发表）。

但为了便于说明，考虑这样的情况，技术移民毫无争议地降低了原籍国的人力资本存量。更广泛的理论文献假定人力资本的外部效应影响了贫穷国家的发展（例如，Romer，1990；Kremer，1993；Lucas，1988）。如果人力资本的正外部性是真实的而且很大，那么对外移民所致的人力资本存量消耗很可能会对非移民产生负外部性。然而，这些外部性已被证实很难观察到，它们的理论基础仍然很模糊，以此来为政策辩解是很牵强的。我将依次讨论这些问题。

事实上，人力资本的外部性很难定位也很难衡量。最常引用的外部性例子是，对外移民可能会影响原籍国非移民拥有的医护人员量。但如果源自医护人员的人力资本外部性是基本医疗条件的一阶决定因素，那么正在经历医生和护士大量外流的非洲国家比其他非洲国家的医疗条件整体而言更差。而事实上，这些国家的医疗条件整体而言更好一些（Clemens，2007）。更一般的，如果学校教育的外部效应是经济发展最主要和最直接的决定因素，那么自1960年以来世界范围内学校教育水平的大幅上升也应当伴随着全要素生产率的明显提高。如普利切特（Pritchett，2001）所指出的，此类情况从未在贫穷国家出现过。

这些事实并非要否认人力资本外部性的存在。但确实也表明来自于一国人力资本存量本身的外部性——其他的也一样——可能会小到被其他因素的影响所淹没。

此外，有关人力资本外部性的理论机制并没有得到很好的论证，基本无法得出普遍性结论，针对发展中国家的更是少之又少（Ciccone and Peri，2006）。人力资本外部性的潜在机制包括知识溢出、研发、身体健康、政治领导力、生育和资本积累（例如 Meng and Ye，2009；Canton，2009；Spilimbergo，2009）。道克奎尔等人（Dcoquier、Özden and Peri，2010）发现，对外移民对非移民的影响关键取决于人力资本外部性的假设机制。如果经济学家意欲理解、衡量或预测对外移民的外部效应，他们需要更清楚这些机制。

例如，对外移民对非移民的外部效应关键取决于人力资本外部性的空间范围，但对此知之甚少。如果人力资本的外部效应只在短距离内发挥作用，比如一个医生的护理范围内，对外移民对非移民的人力资本外部效应可能会很小。许多非洲国家绝大多数医生是在城市（和更好的社区）工作，因此他们的国际性移民对农村和贫民窟居民的边际效应可能是非常有限的（Clemens，2009）。另一方面，如果人力资本的外部效应在较大的距离内发挥作用，例如，类似新创意这样的公共物品可以流入本国，这也会削弱对外移民的外部效应（Kerr，2008）。

这里有一个例子更能证明我们需要更清楚地理解对外移民的外部效应：我们假定，更大的不公平会带来负外部效应，可能是通过增加犯罪和不信任。设想对外移民加大了不公平，进而对非移民产生外部效应，比如一些家庭从国外亲戚那里获得了汇款。但如果将此作为限制移民的依据，那就有些小题大作了。如果所有家庭都没有获得国外汇款的机会，或者所有家庭都有这样的机会，汇款收入的不公平就会降低。倘若按照这一标准，不清楚对外移民是"太多了"还是"太少了"。此外，如果一个摩洛哥人移民到法国使收入增加3倍，那么对摩洛哥和法国的不公平产生的影响也要视情况而定：要取决于此人在摩洛哥原来的收入分配地位以及到法国后的收入分配地位。但对法国和摩洛哥的结果不公平的影响几乎可以肯定是共同下降的。国际收入不平等的负外部效应是否比国内不平等的负外部效应大？这既缺乏理论证据也缺乏经验证据。

即使这些外部效应的机制和大小都非常清晰，通过限制移民或对移民征税来解决外部性的政策工具仍然面临重要的问题：静态或动态地设定恰当的庇古税，是否切合实际？认定可以征收庇古税的相关假设在多大程度上能成立？

基于人力资本的外部性来限制对外移民或对其征税，这种经济理由需要惊人的信息量来支撑。有选择性地限制每个国家技术移民的社会计划者需要一个庞大的数据库，涵盖数百种技术职业的国内劳动力市场状况，以及对这些不同职业（如企业家、护士、工程师）在不同时间和地点所传递的社会经济外部性的可靠估计。① 在实践中，这种限制最终演变成不加区别地限制，如英国的

① Ng（2004）做了更正规的表述：在外部性无法直接消除的情况下，如果存在以下情况，就无法通过干预（诸如征收庇古移民税）达到次优的福利结果：（1）市场上不同产品间存未知方向和符号（即指正或负，下同）的多元替代/互补关系；（2）管理干预的成本很高。Ng（第202页）进一步探讨了似然的"第三优"结果，如果经济中至少有关于原始外部性规模和符号（即指正或负，下同）的良好信息，即使其他关系的规模和符号信息缺乏，该第三优结果也可能达到。因此，如果我们认为限制对外移民对移民的损害呈扩散先验分布（diffuse prior），而限制对外移民对非移民的正向效应呈收窄先验分布（narrow prior），移民限制则可能达到似然的第三优结果。但是基于人力资本外部性来限制移民面临着相反的情况：限制移民对潜在移民的危害程度显然是负面的，而且可能很大，试图对人力资本外部性进行纠正的干预大小和符号在理论上和实证上都是不确定的。

国民健康服务政策，禁止从多数发展中国家招募医护人员，无论这些国家的状况如何。未来解除这种限制的最佳时间路线更不明确。是否应该“暂时”限制世界上最贫穷国家之一的刚果民主共和国的技术性对外移民，以便使这些潜在移民能够发挥刺激当地经济增长的正外部效应？即使出现了这种正外部效应，也没有明确的经济证据表明，这种“暂时”的限制或许在刚果赶超移民目的国的发展之前要持续数百年，于是限制变得毫无必要。①

此外，对移民征税或限制的政策措施往往基于需要进一步检验的假设之上。在最著名的提议之一中，巴格瓦蒂和德拉法（Bhagwati and Dellalfar，1973）主张对技术移民征收庇古税，以弥补原籍国的损失（更多的讨论请参阅 Bhagwati and Hamada，1974；Wilson，2008）。他们认为技术工人会对本国其他劳动者传递一种正外部性，如促进国外技术的应用。他们的观点不是建立在财政影响的基础上，如花费在那些后来对外移民者身上的公共补贴或学费损失，而是基于才智聪明的人会对周围产生纯外部效应。

这一想法至少有两个基本问题。首先，它假设技术工人的对外移民并未被征税。但是许多技术工人所面临的移民限制从经济上等同于征收了大量税收。美国严格地按照技术移民配给暂时性和永久性就业签证，尤其是针对印度等大国的移民，绝大多数来自发展中国家的医师面临非签证移民障碍，比如为了获得美国执照不得不重复医生实习期（medical residency）。正如非关税壁垒与关税有同等的效果，限制技术工人流动的配额和许可与移民税的效果也是一样的。高技术工人实际收入的国际差距非常大：一些教授、计算机程序员、医疗工作者的收入差距高达 500%—1000%（Clemens，2009）。这些差距即使只有很小一部分归因于政策限制，在经济上也等同于征收了大量的移民税。

第二，科斯（Coase，1960）告诉我们，仅仅存在外部性并不意味着庇古税可以使福利最大化。在有交易成本和外部性的世界里，如果产权分配给减少外部性的成本更高的一方，福利将达到最大化。与其向技术移民征税，不如让非移民付费挽留潜在移民，以使对外移民的正外部性的所有权留给非移民。但在技术移民的情况下，谁承担了高额成本并不明显。对移民自菲律宾的注册护

---

① 目前美国实际人均收入是刚果民主共和国实际人均收入的 150 倍（世界银行按购买力平价衡量）。（冒险地！）假设人力资本外部性非常大，以至于限制刚果对外移民可使其实际人均增长率从几乎为零提升至每年 4%。鉴于美国实际人均增长率约为每年 2%，大约需要两个半世纪后，才不再需要移民限制。

士征收其国外收入10%的税，连征10年税收收入可达到4万美元。[①] 但是通过其他方式消除外部效应的所有成本，比如在菲律宾培训新的注册护士，要少于1.2万美元。相对于后者，前一政策可能会导致全球贫困。

非移民拥有技术移民带来的正外部性的产权这一隐含假设使问题更加复杂。如果非移民持有产权，他们是否也同样拥有不外移带来的负外部性的产权：比如他们造成了城市拥堵或污染？谁来决定由哪一方享有由谁造成的正外部性？据推测，一名美国医生决定不给海地提供医护服务造成的正外部性损失和一名海地医生决定移民美国的正外部性损失是相同的，但很少有人会考虑对美国医生所做的决定征税。

到目前为止，我已经讨论了原籍国的外部性，因为本文旨在说明移民流出而不是移民流入。现在我将简要地谈谈移民对目的国原有居民造成的负外部性问题。举例说，移民的到来会降低目的国非计价公共品的可得性，如开放的空间、洁净的空气、公共设施，以及原有居民珍视的文化同质度，这些往往也会降低更多的劳动力流动带来的全球福利收益。

经济学对移民给目的国带来的外部性的机制和外部性的大小知之甚少，尤其是大规模移民。这些都值得研究。但目前几乎没有理由认为这些负外部性会极大地改变表1和表2所传递的信息。首先，文献中没有关于目的国因移民进入导致GDP或公共服务供给大幅下降的记录。第二，《美国经济评论》（*American Economic Review*）和《政治经济学杂志》（*Journal of Political Economy*）一个世纪以前的议题广泛讨论和关注了更多移民的流入可能会削弱美国经济和社会（例如，Hall，1913；Kohler，1914）。自那时起美国人口数量翻了两番——人口增长主要来源于形形色色移居到定居区的移民——而美国依然是世界领先的经济体，公共设施的可得性较一个世纪前更高。第三，移民流入的增加也会带来很多正外部性。其中包括高技能劳动力的空间集聚经济（例如，Glaeser and Maré，2001）和低技能劳动力的可获得性对高技能劳动力特别是女性劳动力生产率的影响（例如，Kremer and Watt，2009；Cortes and Tessada，即将发表）。第四，所有对移民流入的财政效应的严谨研究都发现，移民对财政的效应总体来看非常小：联邦层面很小但是正的（Auerbach and Oreopoulos，1999；Lee

① Bhagwati和Dellalfar（1973）提出对来自于低收入国家的技术移民，将其在美国工作获得的税后收入的10%征为移民税。假设该移民在美国年收入为6万美元，税率为30%，10年后这样一项移民税可达4.2万美元。

and Miller, 2000)，州和地区层面很小但是负的（美国国会预算办公室，2007）。

即使我们有确凿的证据认为移民对目的国原有居民造成很大的净负外部性，采用配额或征税来内部化这些外部性的经济理由仍将受到质疑。如果基于文化同质性限制国外移民，那么这种文化同质性是不是也会阻碍某些到周边地区或城市的国内迁移，以免影响这些周边地区和城市现有居民的文化同质性？这就提出了更加困难的问题，何种程度的同质性偏好内生于对外开放，因此更多的移民或许能够改变原有的偏好。再回到产权问题上来，将移民流入带来的负外部性内部化的任何税收或配额措施都基于一个假设：流入的移民要为他们在目的国的负外部性负责。但正如我上面所讨论的，一些经济学家假定移民原籍国——而不是移民本身——享有移民给原籍国的正外部性。无疑可以建立这样一种理论：其中移民对原籍国产生的正外部性被社会享有，但移民对目的国造成的负外部性不由全社会来承担。经济学中鲜有着手解决这些问题的文献。

总之，到目前为止即使在那些被认可的零星文献中，极少支持这样的理念，即劳动力流动的外部性会极大地影响对全球福利的估计（如本文前面提到的估计）。

问题2：原籍国和目的国的劳动力需求弹性是什么？

经济学家研究国际移民时花费大量精力来估计移民流动对非移民工资的影响。例如，移民的到来是否会降低在职工人的工资？在对美国的研究中，鲍哈斯（Borjas, 2003）以及鲍哈斯和卡茨（Borjas and Katz, 2007）认为，移民确实造成了低工资工人的名义工资适度下降。另一方面，卡德（Card, 2009）以及奥塔维亚诺和派瑞（Ottaviano and Peri，即将发表）发现，数百万移民到美国已经使普通工人平均名义工资下降了百分之几——如果有的话；而科尔特斯（Cortes, 2008）发现移民使一篮子典型消费品的价格下降了0.5%。19世纪大规模的移民可能导致了目的国工资水平每10年累计下降1%—2%（Hatton and Williamson, 1994）。

相反，对外移民是否提高了原籍国非移民的工资水平呢？米什拉（Mishra, 2007）发现，1970—2000年间墨西哥大规模移民到美国使墨西哥的名义工资增长8%。经济史学家的证据表明家庭工资的可比增长源自瑞典（Karlström, 1985）和爱尔兰（Hatton and Williamson, 1993; O'Rourke, 1995）

的大规模对外移民。

这些估计所用的弹性大致和表1和表2中估计全球福利时用的弹性一致。例如，在摩西和莱特尼斯（2004）的模型中，消除10%的移民壁垒可使原籍国非移民的工资增长3%—4%，目的国原居民的工资下降2.5%。即使大幅调整这些弹性，对效率增益的评估也不会有大的改变。

当然，随着对外移民水平的提高，这些弹性可能会变化。但即使在移民流入大幅增加的情况下，相关文献也并未明确支持这样一种模式。在大幅降低高收入和低收入人群或地区之间劳动力流动壁垒的历史案例中，那些高工资人群并未经历工资的大幅下降。例如，种族隔离制度结束后，尽管全部清除了比富人多6倍的穷人在自然流动和职业选择方面非常高的壁垒，南非白人工资并未出现明显的下降（Leibbrandt and Levinsohn，2011）。近期在一些东欧国家和英国之间出现的无限制劳动力流动，尽管伴随着大量移民的突然流入，也未造成英国工资水平的明显下降（Blanchflower and Shadforth，2009）。

此外，即使移民会相对温和地压低目的国的工资水平，按照福利经济学分析的标准，也不能认定要限制劳动力流动。这种效应是一种“金钱”的外部性而不是“技术”的外部性。前面章节中所讨论的人力资本外部性，以及类似冒烟的烟囱这种常见的例子，都是技术外部性的范例。相反，金钱外部性通过价格机制运作：我不准备对你出售的房子报价的决定会压低另一个买家的报价。金钱外部性是经济决策中一个几乎普遍存在的特征。标准的经济分析并未给出对哪些决策进行征税或管制的福利方面的理由。①

例如，对国内劳动力流动的研究发现，劳动力从一个城市流动到另一个城市会温和地压低目的地的工资（Boustan、Fishback and Cantor，2010），女性加入劳动力大军也会较温和地压低男性劳动力的工资（Acemoglu、Autor and Lyle，2004），这一结论并不令人吃惊。然而，没有经济学家仅凭这些事实就认为这是一种降低社会福利的负外部性，应当对城市间流动的劳动力或进入劳动力市场的女性征收庇古税进行调整，因为这些外部性看起来几乎是纯粹的金

① 这种分类是很微妙的。例如，McKenzi和Rapoport（即将发表）发现，墨西哥一些儿童从中学辍学是由家庭成员对外移民造成的。我们是否将此视为一种外部性？如果这种行为的发生是因为墨西哥儿童认为移民的回报要高于受教育的回报，那么他们的行为并不一定带来外部性。然而，如果墨西哥中学毕业生对其他工人传递了大量技术正外部性，可能会引起负外部性。文献尚未对这种外部性的大小进行理论和实证研究。

钱外部性。类似的，经济学家实际上会一致反对以新进入者增加了现有企业的成本为由向新的市场竞争者征税，因为这又是一种金钱外部性。当然，这种观点并不意味着以某种方式帮助美国低工资工人的政策是不受社会欢迎的，只是这样的政策应该建立在公平或积累人力资本的基础上，而不是建立在标准的效率理由之上。

问题3：劳动生产率的关键是“你是谁还是你在哪儿”？

对移民增加带来的效率增益的现有估计基于一个关键假设：移民在目的国的生产率如何？很多移民在贫困的原籍国生产率都很低。他们迁移时，生产率有多低？克莱因和文图拉（Klein and Ventura，2007）认为，移民的生产率是目的国原居民生产率的68%；摩西和莱特尼斯（2004）估计的区间在20%—100%之间。这个假设对效率增益的估计有一阶效应。

我们可以通过观察今日移民在目的国的收入来了解他们的生产率。问题是在大规模移民的情况下，边际移民（marginal migrants）和平均移民（average migrants）的区别何在。移民目的国可以根据可观测或不可观测的生产率决定因素，正向或逆向选择未来移民。根据可观察的特性所作的选择较容易衡量，而根据不可观察的特性所做的选择则较难衡量。

这个问题与另一个问题紧密相关，即国际生产率差异是源于人的不同还是源于地域的不同。如果一个迁移到富国的移民相比于贫穷国家可观察到的相同劳动力有更高的生产率，那会有两种宽泛的解释：一种是移民和非移民存在一些不可观察的差异，这种观点与移民的高度正向选择（positive selection）和区位本身对生产率影响很小是相符的；另一种是移民和非移民并不存在什么不可观察的差异，这种观点与移民较低的正向选择和区位本身对生产率影响很大是相符的。

经验研究正在攻克这个问题。一种途径是使用更复杂的结构模型来解释宏观经济估计中的选择效应（Ortega and Peri，2009；Grogger and Hanson，2011）。另一种互补的途径是通过自然实验鉴别根据微观经济环境中不可观测变量所作的选择（Mckenzie and Yang，2010）。后者的例子包括麦肯兹、吉布森和斯蒂尔曼（Mckenzie、Gibson and Stillman，2010），他们利用自然随机签证抽签实验表明，从汤加移民到新西兰的收益仅略低于在汤加国内和国外可观察到的同类工人的工资差异。换句话说，在那些移居国外的人中，几乎没有可观察到的自主选择。我在2010年也使用了自然随机签证抽签，结果显示，印度软件工人从海外工作中获得的大量收益并不是这些工人不可观察到的正向自主选择的结果。

尽管这类文献正在不断向前推进，但最近还没有任何一项严密的研究能够找到两个国家之间巨大的收入差距主要是因为跨境工人（移民或其他）的自主选择。数据模拟采用美国人口普查局有关移民的微观数据（Hendricks，2002）结合美国和国外的微观数据（Clemens、Montenegro and Pritchett，2008），模拟结果显示，看似合理的正向选择不足以解释美国工人和美国的同类潜在移民之间的收入差距的一半。复杂的调查数据显示，移民正向选择中50%以上的不可观测的收入决定因素没有得到研究（Jasso and Rosenzweig，2009；Kaestner and Malamud，2010；Fernández – Huertas，2011；Ambrosini、Mayr、Periand Radu，2011）。

这些初步结果很符合一篇完全不同的宏观经济文献（例如，Hall and Jones，1999），它们发现富国和穷国之间的大部分生产率差异是由特定地区全要素生产率差异造成的，而不是由工人内在的生产率差异造成的。特定地区全要素生产率的巨大差异意味着，商品和资本自由流动无法实现全球工资均等化，就像绝大多数抽象的贸易模型呈现的那样（O'Rourke and Sinott，2004；Freeman，2006；Kremer，2006）。

换言之，现有的证据虽然是初步的和零散的，但没有理由认为，更好地解释移民和非移民生产率决定因素之间存在的不可观测的差异，就能大幅改变之前对更大规模劳动力流动带来的效率增益所做的估计。①

问题4：未来什么样的对外移民水平是可行的？

可行的移民水平取决于作为移民潜在目的国选民代言人的政治家接受移民的意愿。根据民意调查，英国约59%的人认为目前移民“太多”，在意大利这一比例为53%，美国为37%，法国为33%，德国和荷兰为27%，加拿大为

① 事实上，新涌现的针对选择效应的证据表明，一些估计认为对外移民获得的收益很小，是因为这些估计太保守了。例如，Walmsley和Winters（2005）在他们设定的基本场景中假设来自低生产率国家的移民迁移到高生产率国家时，只能获得两国生产率差异的一半。也就是说，他们假设观测到的目的国原居民和原籍国非移民之间的生产率差异，对新移民的真实生产率效应夸大了100%。现有的估计显示选择性强度（在已研究的有限情况下）接近于那么大。

17%（German Marshall Fund，2010）。

图1中，全球总的经济福利收益掩盖了随之而来的劳动力和其他要素之间以及不同技术水平的工人之间的再分配。如果目的国的中位选民（median voter）持有相对较少的资本和技能，该国的公民和政治家可能就不那么愿意降低壁垒，接受来自穷国的移民。非经济态度如民族主义也可能发挥重要作用。梅达（Mayda，2006）发现，富裕目的国内较富有的、受过良好教育的、较少民族主义倾向的人士对移民的态度更友善。

因此，移民的大幅扩张在政治上似乎不可行，在若干年内，这种反对仍会持续。然而，即使稍微放宽现有的移民壁垒，所带来的全球效率增益也要大于从大幅放宽贸易和资本流动壁垒中获得的收益（如前面表2中所示）。

此外，经济学家应当对几十年中实际可能发生的急剧变化持开放态度。毕竟，劳动力地域间的流动几十年前还是不可想象的事情。在整个20世纪80年代，试图移民至西德的波兰人可能会被位于封锁了的东西德出入境的士兵枪杀。今天，波兰求职者可以在德国境内自由流动。全世界总体上已经大量抛弃了关于劳动力流动的限制体系，从中世纪农奴、奴隶、妇女到南非黑人、澳大利亚土著，以及其他的一大堆限制。

即使移民规模的小幅扩张也会给许多人带来极大的收益。我和普利切特（Clemens and Pritchett，2008）展示了那些出生在海地、墨西哥或印度，生活在国际贫困线以上（为了统一起见，根据购买力平价调整）的人，很大一部分居住在美国。例如，在居住在美国或海地、按美国价格衡量生活成本为每天10美元（约是美国“贫困”线的1/3）的海地人中，约4/5居住在美国。① 对海地而言，向外移民对海地减贫的重要性不亚于任何经济变化。

经济政策或许有助于缓解政治上的限制。一些经济学家提出补偿移民目的国原有居民福利降低的政策机制，对移民流入征税——通常起点为5万美元——或拍卖工作许可证（包括Becker and Becker，1997；Freeman，2006；Orrenius

① 这一数字可能高估了移民对海地贫困的影响，因为有证据表明有一些在可观察的和不可观察的收入决定因素上，海地移民都存在正向选择（Clemens、Montenegro and Pritchett，2008）。但即使有高度正向的选择强有力的假设，对出生在海地的人来说，对外移民仍是减贫的重要手段。此外，这种估计往往低估了对外移民对减贫的影响，因为它没有计算海地移民到除美国之外的其他国家的影响；因为对非移民而言，减贫的部分原因可能是来自国外的汇款，而国外汇款同样源于对外移民；还因为这一估计是在2010年地震冲击海地经济之前。

and Zavodny，2010；Fernández – Huertas and Rapoport，2010）。所有这些，通过这种或那种方式，力求最大限度地减少因劳动力流动造成的“受损者”数量，从卡尔多—希克斯（Kaldor – Hicks）最优（此概念认为社会收益足以弥补受损者的损失）转向各方都不会成为受损者因而也不需要实际补偿的帕累托最优。类似机制或许可以减少阻碍劳动力更大规模流动的政治限制。

成为过去时的一类研究议程

上述四个问题勾勒出了移民研究的议程，我将以此结束本文。但首先我想将这一新议程和目前已有文献中的旧议程进行对比，并推断为何旧议程主导至今。

任何有关移民和经济发展的研究或政策会议，都会谈论移民的福利收益和成本，随后会迅速转移到两个话题上：“人才流失”和工人从国外的汇款。这些都是最初研究移民和全球经济发展之间关系的焦点。这两个问题都很重要。然而，这些方法都没能显示出如何更好地理解更大规模移民带来的效率增益。上文讨论了为何有关移民和人力资本外部性的文献没有给出很好的理由来改变对更大规模移民所带来的收益的现有估计。现在我转向关于外汇汇款的文献。

全球的汇款流量每年接近 4000 亿美元（Mohapatra、Ratha and Silwal，2011）。这一现象催生了大量有价值的研究文献。但汇款通常仅是对外移民在国外收入很小的一部分，对永久性移民来说更是如此（van der Mensbrugghe and Roland – holst，2009）。大体来讲，移民汇款属于跨境的家庭内部转移支付，移民从国外汇款的原因（Rapoport and Docquier，2006）和其他的家庭内部转移支付的原因大致相同（Laferrère and Wolff，2006）。如果一个墨西哥女性在本国工作获得了收入性收益（income gains），收益的全部价值增加了她的家庭福利——无论是她本人消费的部分还是她和丈夫共同消费的部分。如果她跨过墨西哥边境，进入美国得克萨斯州获得了收入性收益，这种社会福利的计算并不受影响。

总之，移民壁垒对福利具有一阶效应；任何限制汇款流动的壁垒对福利仅有二阶或三阶效应。但现有文献往往舍本逐末，对这种较小的效应进行了详细探讨，比如汇款的福利效应是否因汇款受益人退出劳动力市场（例如 Cox – Edwards and Rodríguez – Oreggia，2008）或汇出国汇率上升（例如，Amuedo – Dorantes and Pozo，2004；Vargas – Silva，2009）而缩小。

为何文献一直关注相对较小和不确定的汇款以及“人才流失”效应而不是看起来相对庞大的移民的全球效应，包括移民自身的收益？或许很多经济学家认为表1中的效率增益估计是显而易见的，因此不值得太多研究。但对之前文献的回顾表明，我们还需要进一步认识这些估计。我认为原因还不在于此。文献聚焦于汇款和“人才流失”的原因在于这些效应更明显地涉及国家福利而不是个人福利。

聚焦于国家福利是经济学最古老的传统之一，的确比亚当·斯密的著作《国家论》还要古老，这部伟大著作的标题就用了“国家财富”这样的字眼。很久之前，重商主义传统盛行一时，经济学家一致认为经济政策的目标是鼓励本国生产和出口，抑制进口，从而给本国带来财富。为此，他们建议鼓励制成品出口，抑制原材料出口，以创造国内就业（Heckscher，1935［1955］；Irwin，1996，第34页）。弗尼斯（Furniss，1920，第8页）的经典之作描绘了重商主义假设对劳动力的含义：提高出口收入需要低成本的大规模生产。制造业部门的高就业低工资要求低收入人群从事制造业的道德责任，以及高收入人群优先消费本国制造产品的道德责任。这种观点认为劳动力移民仅在一定程度上通过鼓励或挫伤国内生产和出口来影响国内福利。例如，重商主义代表柴尔德（Josiah Child，1668［1751］，第146—147页）认为，移民至殖民地种植园“无疑是一种破坏……对外移民的确会导致原籍国能就业的劳动力减少，除非他们就业的殖民地种植园的贸易被限定为只针对母国，否则会对母国造成伤害。”

按照这套假设展开的经济研究专注于估计移民倾向于提高原籍国生产（比如通过国外汇款，减去随后的劳动力退出）还是倾向于降低原籍国生产（比如通过“人才流失”），而极少关注移民的收益问题。这很大程度上体现在关于移民经济效应的现有大量文献中。我远不是认为移民会产生负面国内影响，并将这一经济学关注焦点与重商主义传统之间相关联的第一人。① 在弗尼斯（Furniss，1920，第54页）后，详细论述这一关联的还有：诺贝尔经济学奖

① 顺便说一下，针对移民的主流经济研究——并不是本文的焦点——看起来与其他很不同。在重商主义假设下，任何压低目的国工资的移民效应会通过提高制成品出口的竞争力来增加该国福利。但有关移民文献的核心是反对重商主义，怀疑移民对劳动力的不利影响。对此我没有解释两者的不同，而是指出现代移民的文献是由微观劳动经济学家 George Borjas 和 David Card 等奠基的。然而，经济增长和海外发展的现代文献是由侧重宏观经济研究的 Alexander Gerschenkron、Paul Rosenstein - Rodin 和 Robert E. Lucas 等学者奠基的。

得主西奥多·舒尔茨（Ted Schultz，1978）；时任美国经济学会主席的查尔斯·金德尔伯格（Charles Kindleberger，1986）；研究移民和经济增长的伟大学者之一布林利·托马斯（Brinley Thomas，第1—6页）；此外还有其他一些学者。①

一个新的移民研究议程

现有证据表明，减少移民壁垒带来的收益要比减少商品贸易和资本流动壁垒带来的收益更大，可能比改变一系列单项全球经济政策带来的收益还要大。事实上，"在指引贫穷国家通向富裕国家的路途中，一些大的收益并未被充分利用"（Olson，1996）。然而，经济学家关于移民的著作很少。在经济学研究论文数据库（RePEc）内全部刊登的文章摘要中，"国际贸易"这一词条出现的频率是"国际移民"这一词条的13倍。此外，经济学家更关注移民的流入，而不是移民的流出：在经济学研究论文数据库中，"移民流入"一词的频率是"移民流出"的4倍。

"国际移民"本该成为经济研究优先关注的焦点，以便更好地理解全球劳动力流动的收益及其特征，探究实现部分收益的政策工具。本文的四个问题为研究移民问题提出了一个研究架构。我们确实需要从理论上和经验研究上更好地理解人力资本的外部性、大规模移民流动导致的劳动力需求的动态变化；工人所处区位相对于工人内在特性对其生产率影响的大小和机制，以及有利于更大规模劳动力流动的政策工具。有不少经济学家探讨了这些问题：如普利切特（Pritchett，2006），罗森茨威格（Rosenzweig，2006），汉森（Hanson，2009），道克奎尔和拉博波特（Docquier and Rapoport，即将发表）。

在这一研究议程中，开展经验研究的困难之处在于，对济学家来说，即使有关国际移民最基本的数据，往往也无法获得（Commission on International Migration Data for Development Research and Policy，2009）。详细的数据或由政府保密或无法全部收集，公开发布的数据或者时间段、迁移模式（暂时的与永久的，入境的与个体的，以及其他分类）无可比性，或者职业定义等方面可能比较混乱。单是估计某个时点上的双边移民存量，也没有那些移民的其他任何信息，因此，这是一项需要大胆假设、承受大量责难、付出高昂代价的事业

① 其他包括 Hovde（1934）、Hamilton（1940）、Shepperson（1953）、Middendorf（1960）、O'Brien（1966）、Letiche（1969）、Jeremy（1977）、Dowty（1986）、Backhaus and Wagner（1987）、Davis（1988）、de Soto（1989，第201页）和 Mokyr and Nye（2007）。

（Parsons、Skeldon、Walmsely and Winters，2007）。公开可获得的国际移民数据的质量只相当于20世纪60年代的国际贸易数据的质量。和国际贸易领域中的研究一样，投资于移民数据的收集和整理必然成为研究议程的一部分。

如果这一新的研究能够确认移民壁垒在人类现有的福利和潜在福利之间打入了一个最大的楔子（当然，也需要一些有用的提示），我们就应该更优先地研究移民问题，以此来理解移民带来的收益，进而实现这些收益。有关移民的研究文献仍然很零散；移民的“国家财富”尚未成文；移民的李嘉图效应仍有待发现。

（国家发改委国防动员研究发展中心 孙丽燕 译）

由于篇幅所限，本篇参考文献略，特向作者和读者致歉，需要者可向《比较》编辑室索取：bijiao@ citicpub. com。

“浦山世界经济学优秀论文奖”（2014）评选公告

中国世界经济学会“浦山世界经济学优秀论文奖”（2014）评选活动已启动。“浦山奖”是中国世界经济研究领域的最高奖项，2011 年，被国家教育部列为与“孙冶方经济科学奖”等奖项同等重要的优秀学术成果奖。

“浦山奖”由中国世界经济学会发起，浦山教授夫人陈秀煐女士捐赠人民币 10 万元作为启动资金，于 2004 年成立。之后，得到许多个人和团体的支持。本次评选由奥盛集团资助。

“浦山奖”的设立旨在纪念中国世界经济学界杰出的前辈浦山教授，推动中国世界经济的研究，弘扬浦山教授“虽九死其犹未悔”的理想主义及克己奉公、淡泊名利的高尚品质，培养世界经济研究人才，促进中外世界经济研究领域的学术交流，奖励中国经济学界在世界经济研究领域，尤其是在国际金融、国际贸易、国际经济学以及中国对外经济关系方面具有原创性的优秀研究论文。

“浦山奖”每两年评选一次，每次评选出 3—5 篇优秀论文。本次参评的论文必须是在 2012—2013 年期间公开发表于国内学术期刊上的世界经济学及相关学科的研究论文。“浦山奖”将设立独立的专家团，对参选论文进行匿名评审，最后由在国内外经济学领域享有较高威望的七名评奖委员投票选出最优论文。所有参评论文都必须由中国世界经济学会常务理事推荐。每位常务理事可以推荐两篇参评论文。有意参加论文评选的经济学界同仁可以联系中国世界经济学会的各位常务理事（名单请见中国世界经济学会网站，网址是：www. cswe. com. cn）。中国世界经济学会的常务理事们将本着公正客观的立场，尽可能推荐最优秀的论文参评。常务理事的论文推荐工作将于 2014 年 4 月 30 日前结束。

“浦山奖”评奖的详细信息可以登录中国世界经济学会网站“浦山奖”专题查询（http：//www. cswe. com. cn）。

中国世界经济学会

浦山世界经济学优秀论文奖秘书处

二〇一四年一月

比较之窗

Comparative Studies

Comparative

城市的经济学分析

爱德华·格莱泽

一、引言

为什么有些城市比其他城市更具生产力？密度的环境和社会成本是什么？为什么会有贫民区？邻近他人居住如何改变我们？城市何以兴衰起落？为何某些地方的房价如此昂贵？城市经济学解决所有这些不同的问题，而所有的这些问题都可以视为城市经济学“大谜团”的构成要素：为什么那么多人蜂拥至城市？这个问题本身属于经济地理学更宏伟工作的一部分：如何解读人与企业的区位决策？

用经济学方法分析区位选择（譬如生活在哪个城市），重点在于理解这些选择背后的激励。某地引人而至，是因为高工资、低房价抑或好气候？为什么企业会选择停驻在它们必须支付高工资的地方？由于城市发展反映的是上百万个体居住城市的选择，那么要认识这种发展，我们既要了解不同城市属性的相对重要性，也要知道城市为何具有这些属性。例如，高工资的确有助于吸引人们来到纽约。然而，若想弄清楚 800 万人选择住在这座城市的原因，我们还需了解该市的工资为什么会那么高。集聚经济学的子学科已经开始研究生产率的

---

* Edward L. Glaeser，哈佛大学经济学教授，感谢 Taubman 国家和地方政府研究中心给予财政支持。Kristina Tobio 提供了卓越的研究援助。本文原是写给关于不同学科如何探讨城市的多学科专题论文集，旨在让非经济学家了解城市经济学的研究方法。文中表达的见解属于作者个人，并不必然反映美国国民经济研究局的观点。

差异，这些差异也许就是导致观察到的跨空间收入差距的原因。

本文探讨城市的经济学分析方法的关键要素，以及它们如何反映我所在学科的核心内容。经济学有三大支柱，其中两个帮助我们认识世界，另一个帮助我们给出政策建议。经济学的第一大支柱是，人们会对激励作出反应。这个假设被有些人歪曲了，他们认为经济学家指的是人们只会对经济激励作出反应，这无疑是错误的。不过，激励原理促使经济学家探讨可能解释区位选择的经济激励倒是事实。

经济学的第二大支柱是无套利均衡概念。亚当·斯密使用早期版本的无套利均衡论阐明了工资的意义；米尔顿·弗里德曼则以一句“天下没有免费的午餐”通俗化了这个概念。① 这一支柱不仅使我们能够剖析个人决策，而且还能对整个系统作出预测。

城市经济学中有三种关键的无套利关系。第一，个人在不同空间必须是无差异的，即“工资 + 便利性 - 住房成本”在每个空间都大致相等。第二，公司在空间和雇用新员工上必须是无差异的。这意味着，工资差异必定被生产率差异所抵消。第三，建筑商在建造或不建造新房屋上是无差异的。这一点是指，房价不能远高于建设总成本，只要这些成本包括的是物质建筑成本、土地价格和应对土地使用法规时所涉及的困难。

经济学的第三大支柱是假设良好的政策能够拓宽个人可选择的范围。经济学家之所以热衷于研究收入，就是受更多财富让人们有更多选择的观点驱动。我们热衷于探讨政治自由也出于相同理念。经济学家谈论好政策能提高“效用水平”时，常常被误解为他们是在说这些政策会让人们更加幸福。幸福是一种重要情感，但并不是说它与经济学家定义的效用能画上等号。更高水平的效用等同于拥有更多的选择，而不是展露笑容。

这三大支柱形塑了城市的经济学研究方法。在本文的第二部分，我将讨论经济地理学和城市经济学的核心理论建构：空间均衡。空间均衡假设，如果一个地方的某样东西特别好，那么我们应会看到有不好的东西抵消它。在阿隆索—穆特—米尔斯（Anloso - Muth - Mills）的跨城市模型中，靠近城市中心的高房价由通勤时间较短所抵消。在罗森—罗巴克（Rosen - Roback）的内城市模型中，高收入被高价格或各种不便利性所抵消。空间均衡假设对于理解城市

① 人们通常认为最先说这句话的是 Robert Heinlein，然而它确实有更早的出处。

住房市场相当有效。

在第三节里，我转向讨论雇主和建筑商的均衡条件。企业的均衡条件，引导我们通过研究为什么跨空间的生产率水平会有所不同，从而理解跨空间的收入差异。由于获得生产性土地或河流等自然资源，或由于供应商或客户的运输便利性增加，生产率水平都可能随之提高。建筑商的均衡条件意味着要想了解住房成本在各个地区的差异，我们必须清楚为什么一些地方的建设成本会比其他地方高昂。

第四节探讨城市经济学家喜爱的实证方法。经济学对城市的理论定义明显区别于实证使用的定义。从概念上讲，城市指的是人与企业之间没有物理空间。城市是人口稠密或人与人邻近居住的地方，可能还要加上足够大的规模。而在实证上，城市或是指正规且任意的政治单位，或是指本身乃各郡县任意组合成的“大都市区”。也许有人会担心概念和数据之间不匹配，但经济学就是一门务实的学科，通常可以尽情地使用不完美的可用数据。

城市经济学运用的实证方法受制于城市经济学家钟爱的经济理论。由此产生了两类不同风格的实证研究。一种实证研究侧重于使用数据来评估正式模型。另一种研究强调变化或工具的外生来源，如河流或政治边界。经济学家对变化的外生来源的重视，出于学科的一个核心观点，即我们的理论模型旨在映射外生变量与结果之间的联系。

在最后的第五节里，我要谈谈城市政策制定的经济学分析方法。这个领域的核心洞见是，人的地位优于区域。经济学评判政策时依据的是政策是否增加人们的可用选择，而非它们是否帮助重建特定的区域。经济学不排斥以区域为基础的政策，如城市改建，只要它们是帮助人们的最好办法；但是经济学家坚持认为，评价这些政策要看它们是否提高了人们的生活水平，而不是看它们是否使某个区域更加舒适宜人。

除了以人为本，城市经济学的政策处方中还有两个主题贯穿其中。首先，城市经济学常常假设政府并不能完全代表他们的选民。因此，个别经济学家提出一些制度或提高政府间的竞争来缓解这个问题。其次，因为城市经济学始于人和企业的迁移决策，所以城市经济学家倾向于认为，政策不仅需要根据当前区位模式来设计，还应了解新政策将如何改变个人的区位选择。

二、空间均衡方法

城市经济学的理论核心就是空间均衡概念，它认为改变位置并不能获得免费的午餐。这个假设通常可用更一般的效用函数加以处理，而经济学家设想的往往是一个线性效用函数，这就意味着与区位选择相关的效用可表示为：

收入 + 便利性 - 住房成本 - 通勤成本 （1）

空间均衡假设是指这个流量在空间上恒定不变。尽管该假设明显过于简化，但它神奇地产生了与证据相符的假说。在大都市区内部，阿隆索—穆特—米尔斯模型假定收入保持不变，研究高住房成本是否被低便利性或低通勤成本所抵消。在大都市区之间，罗森—罗巴克模型探讨收入、便利性和住房成本三者的权衡取舍。

空间均衡方法往往以不同的方式获得扩展。例如，有关通勤成本和技术方面的信息可以灵敏地预测房价随着离市中心的距离将如何发生改变。当涉及不同类型的人时，这些模型可以预测不同的人会住在哪里。而将住房供应纳入模型，这些方程式就能预测一个城市内部的人口密度等级和各个城市的人口格局。

阿隆索—穆特—米尔斯模型

最重要的城市经济理论仍然是威廉·阿隆索（1964）的空间均衡模型，后来米尔斯（1967）和穆特（1969）扩展了该模型。阿隆索的模型关注大都市区的内部，并假设收入和便利性为常数。这就意味着，住房成本 + 通勤成本在空间上是恒定的，因此随着远离城市中心，住房成本下降而通勤成本上升。在最简单的情况下，任何人都在城市中心工作、通勤成本随着离市中心的距离呈线性增加，即如果通勤成本等于“t”乘以距离，那么住房成本必须等于市中心的成本减去“t”乘以距离。

这个模型简洁、大方且蕴含真理。图 1 显示了大波士顿地区 187 个城市的房价中值与这些城市距波士顿市中心距离之间的关系。① 平均而言，距市中心多 1 英里则住房价格下跌 1100 美元。如果房价下降 1100 美元大致令每年的通勤成本增加 110 美元，那么阿隆索—穆特—米尔斯模型表明，额外的 1 英里距离将增加每周 2 美元的通勤成本，这似乎偏低了，但不是不可信，因为很多人都没有通勤到市中心。

---

① 住房价格基于 2000 年的人口普查资料。各城市与波士顿的距离见 Glaeser and Ward（2006）的说明。

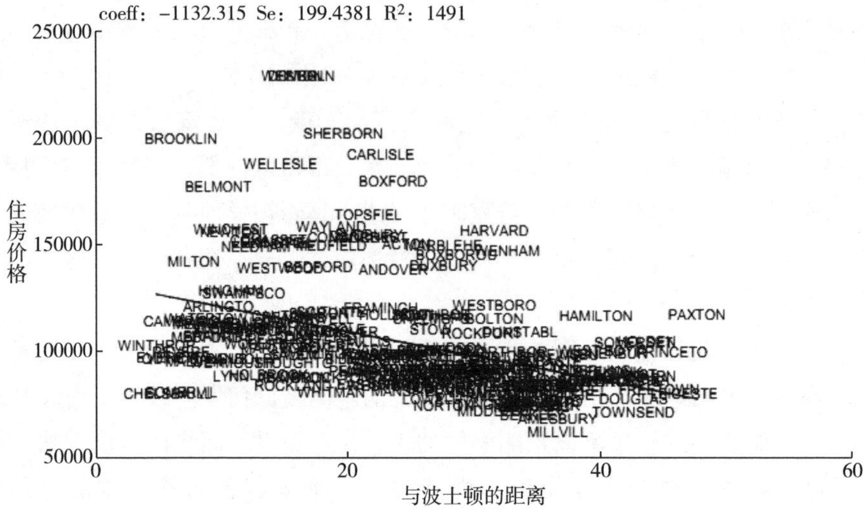

图1　2000 年住房价格与到波士顿的距离

这个关系远远不够完善。距离仅能解释这些城镇房价异质性的 15%。至于其他因素，包括住房质量以及外生的和人为的便利性，不同城镇各不相同。这类便利性（比如学校质量）对于住房价格的影响往往比“靠近市中心”重要得多。不过，该模型做出的预测的确不会被数据驳斥。自阿隆索模型首次发表以来，经济学家一直在运行这个回归方程的成千上万个变种，而且几乎所有人都得出了这个一般模式。

在某些情况下，经济学家发现距离和住房价格之间呈现出凸形、而不是线性关系，这时住房价格在超过某一初始距离后急剧下降，随后住房价格和距离之间的关系逐渐变平。基本模型的一个轻微变种可以解释这种形态。假设个人可以使用两种不同的交通技术，譬如步行和开车。一种技术没有固定成本，但要付出 $\bar{t}$ 乘以距离的成本。另一种技术有固定成本，比如要花钱买车，但是降低了 $\underline{t}$ 乘以距离的成本。

这些技术的最优使用意味着应使用没有固定成本的技术（也许是步行）直到 $\bar{t}-\underline{t}$ 乘以距离等于固定成本。只有当开车节省出的时间足够支付固定成本时，人们才愿意支付固定成本。虽然这是一种简化计算，但毫无疑问，使用汽车才能使更加远离市中心成为可能（Glaeser、Kahn and Rappaport，2007）。这个简单变化了的模型预测：在靠近城市的地区，住房成本将下降 $\bar{t}$ 乘以距离；

在远离城市的地区住房成本将下降 t 乘以距离。因此，随着与城市距离的增加，价格对距离的斜率应逐渐变平，从而呈现出数据所显示的凸形关系。

或者，每单位距离的通勤成本“t”可能是对投资技术函数，例如拥有一辆自行车或汽车，这样可以减少每单位距离的通勤成本。倘若我们假设 k（t）表示投资于这些技术的成本，此处 k（t）是连续可微分函数，且 k′（t）<0，k″（t）>0，那么要使成本最小化就要让［k（t）+t×距离］最小化。一阶条件为 -k（t）=距离，且每单位距离的通勤成本随通勤距离减少。住得较远的人们会投资更好的技术，这也说明数据将经常表现为凸形关系。合理使用交通技术意味着离市中心较近时将使用较慢的技术，这反过来又表明，靠近市中心的住房价格和距离之间的相关性会更强。

模型的第二种修改是允许住房密度随着需求而变化。这种变化使模型不仅可以讨论价格，还能反映不同地方的发展程度。模型也可以进行修改使土地消费具有弹性，这样一来，在土地昂贵且靠近城市的地方，人们将消费较少的土地。或者，我们可以假设居住空间由土地和物质资本制造而得。随着土地越来越昂贵，建筑商使用更多的资本并且建筑物的密度加大。靠近市中心的高住房密度可视为激励原理的一个应用，由于人们对靠近市中心的住房支付意愿更大，因而会促使每单位土地上供给更多的住房。任一版本的模型均预测，靠近城市中心的住房密度会更高。

图 2 显示每平方英里的人口密度对数与上述 187 个城镇到波士顿距离之间的关系。同样，它们之间存在稳健的正相关关系，而且距离解释了这些城镇住房密度差异的 45%。与波士顿的距离每远 1 英里，预测的密度水平将下降 0.08 个对数点，或者说 8% 左右。这个简单模型的预测再次得到数据的支持。

阿隆索—穆特—米尔斯模型对经济学家特具吸引力就表明，经济学的核心要点有别于其他领域学科。该模型的优势在于它能做出一般性的预测，而不是精确地解释特殊情景的具体特点。尽管有些学科非常重视解释复杂性和细微差别，但经济学家喜欢提出在多数情况下都能适用的一般规则。经济学家通常更感兴趣于通用模式而非具体的特质。

人们对阿隆索—穆特—米尔斯模型提出的一个异议是，它越来越与非单一中心的世界相矛盾。大多数城市的就业都远离老城区的中心（Glaeser and Kahn，2001）。但这也可以纳进阿隆索—穆特—米尔斯的模型框架。例如，亨德森等人（Henderson and Mitra，1994）扩展了模型并引入多个就业中心。该

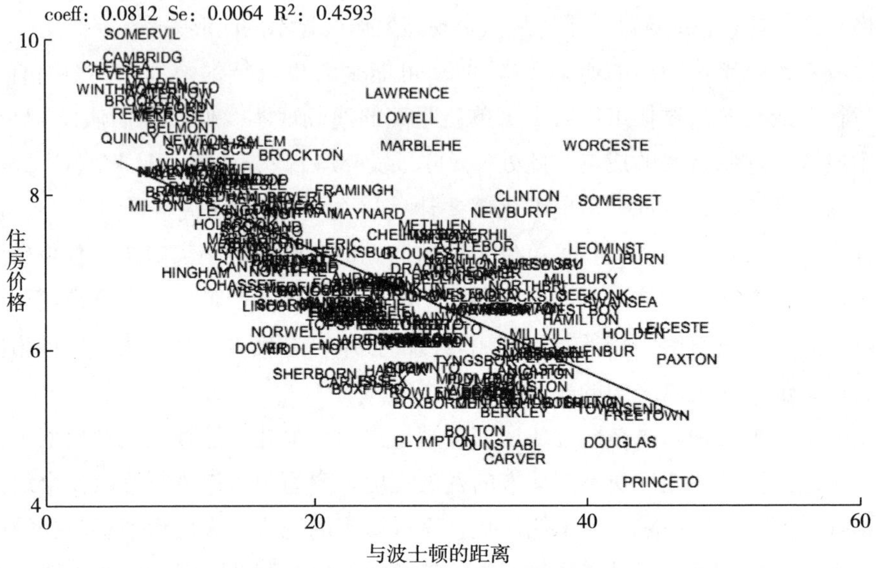

图2　人口密度对数与到波士顿的距离

扩展模型得出一个普遍预测：在就业比较分散的城市，与城市中心的距离和住房价格之间的关系较平坦。我和卡恩（Glaeser and Kahn，2001）发现事实的确如此。而在就业较为集中的城市，随着远离市中心房价下降较快，这就说明，可以使用这类模型来解释各个城市的房价差异。

阿隆索—穆特—米尔斯模型的空间均衡概念十分有用，不仅可以预测住房价格和密度等级，还可以预测不同人群的区位。特别是，此模型对于探讨富人和穷人的区位选择颇为有效。美国城市一个最显著的事实是，城市中心的贫困率比城镇郊区的高很多。这不是说中心城市使人贫困，而是说中心城市更吸引穷人（Glaeser、Kahn and Rappaport，2007）。这个事实最初似乎是阿隆索—穆特—米尔斯模型的一个难解之谜。我们通常认为，富人的通勤成本高于穷人，因为有钱人由于工资更高所以时间的机会成本更高。毕竟，时间的流失往往是通勤成本中最重要的元素。经济学认为，每小时挣 20 美元的人应该比每小时挣 10 美元的人愿意支付更多钱以节约一小时的通勤时间。这种逻辑表明，富人应该为市中心的低通勤成本支付更多，可他们往往并非邻近城市核心土地的最高出价者。

有两个原因可以解释这种现象。一个是贝克尔（Becker，1965）提出的，他认为富人的时间价值更大往往被想拥有更多的土地所抵消。对土地的更大渴望促使富人住在土地便宜的城市边缘地带，就像对温暖的强烈渴求促使喜欢阳光的人南迁那样。虽然这个假设理论上说得通，但是想拥有更多土地的愿望似乎并不足以激励富人决定住在城市的边缘。

另一种观点是，富人和穷人使用不同的交通技术（LeRoy and Sonstelie，1983）。如果富人开车而穷人乘坐公共交通工具，那么就算富人的时间更值钱，他们每英里的通勤成本也可以较低。我和合作者（Glaeser、Kahn and Rappaport，2007）的研究发现，使用公共交通工具好像的确能解释穷人选择住在城市中心的决策。事实上，在新建地铁站附近的地区，贫困率甚至有所上升。公共交通工具和贫困之间的联系不是问题所在，而是反映了公共交通工具在服务和吸引穷人方面发挥了重要作用。

罗森—罗巴克模型

阿隆索—穆特—米尔斯模型是研究大都市区内部的住房价格和密度等级的核心工具，而罗森—罗巴克模型则是经济学探讨大都市区之间住房价格的核心工具。罗森—罗巴克模型比阿隆索—穆特—米尔斯模型复杂，前者允许收入和便利性在空间上存在差异。罗森—罗巴克模型将大都市区视为一个单一的同质实体，因此可以假设区域内所有人具有相同的住房成本、通勤成本和便利性水平，从而抵补了增加的复杂性。

大都市区之间的空间均衡的一个核心预测是，高房价必然反映高收入或高便利性，或兼而有之。人们花了钱，肯定要得到应有的回报。罗森（1979）提出的核心理论强调，跨空间的便利性需要我们考察工资和价格。罗巴克（1982）用这个模型进行数据分析，发现扣除住房成本后，在更便利的地方人们挣到的钱确实更少。吉尤科等人（Gyourko and Tracy，1991）扩大了用于研究的便利性的数据集，并关注人们对不同类型政府的支付意愿。

图 3 通过绘制大都市区间住房成本对应于收入的图示，显示了这种方法的基本经验价值。40% 的大都市区住房价格的变化与收入差异相关。平均来说，收入每增加 1000 美元住房价值将增加 3700 美元。虽然有强大的关联性支持此模型，但是相关系数似乎很低。毕竟，在给定利率、维修水平和地方税的合理假设下，3700 美元的房屋增值意味着每年增加的费用不超过 400 美元。如果只需多花 400 美元就能住进一个收入水平高出 1000 美元的地区，那么人们应该会蜂拥挤向高收入、高成本的地区。

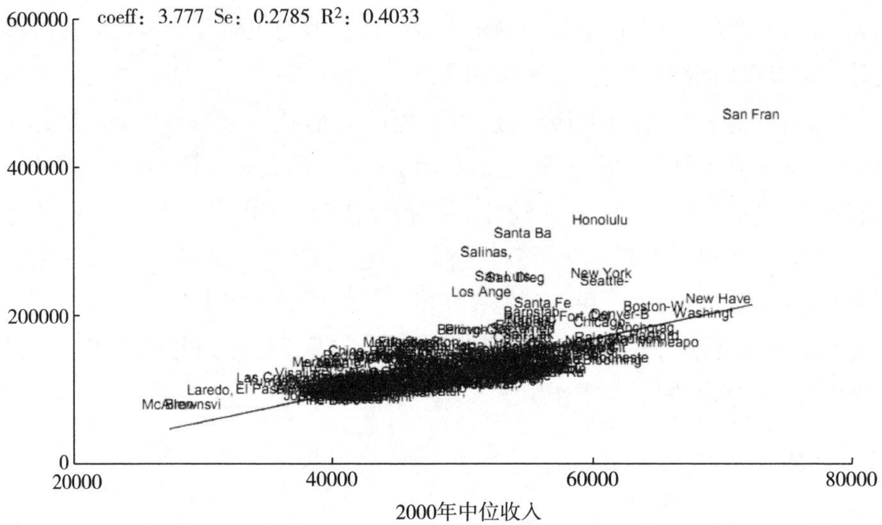

图3　住房价格与各大都市区中位收入（2000年）

对于为什么这种关联仍然与罗森—罗巴克模型兼容，至少有两个合理的解释，但是这些解释清楚地表明该模型的预测略有失真。首先，收入差异并不完全反映人力资本的差异。目前并不清楚某人迁移到我们认为每年收入会多出1000美元的地区后，是否确实能挣到这个额外收入，因为高收入地区的人们也许本来就拥有更高的技能。其次，高收入的地方也可能在便利性方面缺乏吸引力，比如长途通勤，这就抵消了高收入水平。

第二种使用空间均衡假设的方法，是直接运用收入校正当地住房价格。美国商会研究协会（ACCRA）为大都市区的一个子集创建了一套指标。根据这些指标，我们可以研究据称能校正全美住房价格差异的实际收入水平。最天然的舒适性调查或许是温暖度，图4显示了跨大都市区的实际收入和一月平均气温之间的关系。

在约200个大都市区的样本中，一月平均气温测定了23%的收入差异。随着一月的平均气温上升10度，实际收入下降720美元。人们似乎愿意为了更高的实际收入住到较冷的地区，这当然也支持了如下观点：即实际收入水平较高的地方其他方面较差，正如空间均衡假设所预测的。

另一个不便利的地方（或者说负便利性）是长途通勤。图5呈现了一个样本中约230个城市（人口在10万或以上）的收入和通勤时间之间的关系。

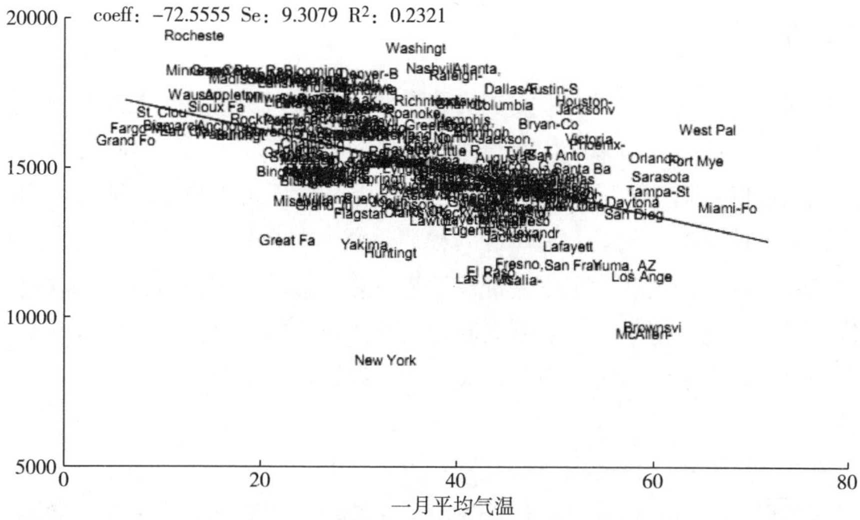

图 4　实际收入与各大都市区一月气温（2000 年）

这种情况下，我研究的是纯粹的名义收入水平和平均通勤时间。随着收入每增加 10000 美元，平均通勤时间增加 1.5 分钟。这种关系证实了一个观点：高收入地区也有其他的不便利性，从而抵消了较高的经济回报。

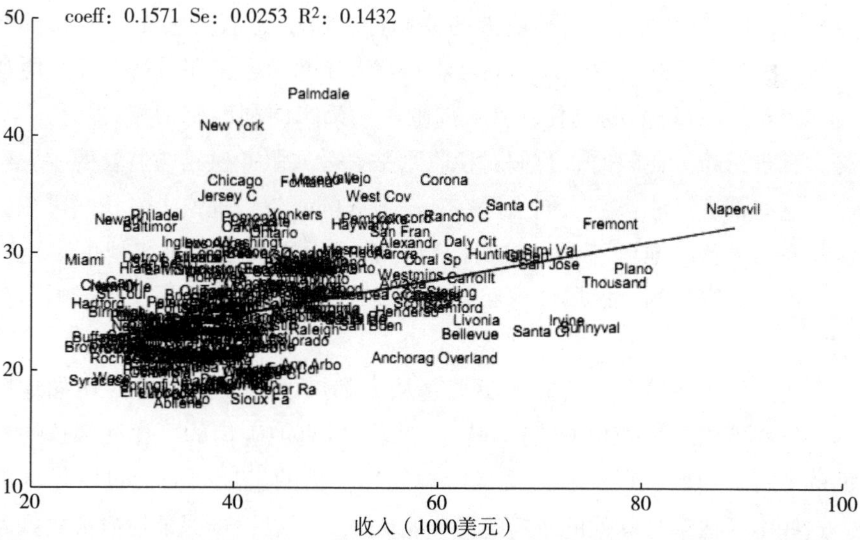

图 5　通勤时间和不同城市的中位收入（2000 年）

享乐定价与住房供应

空间均衡假设认为，可以用住房价格准确评估人们对特定位置的便利性有什么样的支付意愿。如果某种便利性总是伴随着住房成本增加500美元（收入等其他因素保持不变），那么可以合理地推断人们对此便利性的估价是500美元。在多数情况中（譬如犯罪率和学校质量），也许并没有独立的方式评估某种便利性的价值，因此，享乐定价模型为计算人们对特定公共服务的价值评估提供了唯一可能。鉴于经济学家在确定这些便利性的最优公共投资量时要权衡成本和收益，有了享乐定价模型，我们就可以评估与某些公共物品相关的公共利益。

有关住房享乐价格的大量研究强调这类分析至少有两个重要问题。首先，在纯粹的概念层面，房价只能告诉我们某一特定区域的边际居民支付意愿。边际居民支付意愿并不代表所有居民的平均支付意愿。例如，托尼第五大道的居民愿意为眺望中央公园支付额外费用，这代表了一群富豪对公园景观的价值判断。这个估值或许远远高于穷人对公园景观的可能评价。这一问题并无完美的解决方案，这也意味着必须对所有的享乐评估进行认真仔细的解释。

享乐评估的第二个问题是，其他因素需要保持不变。即便是最简单的模型也会强调这样做的困难。某种诱人的便利性会吸引愿意为它支付最高价格的人。如果这些人是富人，如果人们喜欢和富人比邻而居，那么第一天然便利性（first natural amenity）将与住在富人周围这一第二便利性密切相关。另一个例子是，在进行跨区比较时，我们对税收水平、公共服务供给与监管的差异给予评分，这些都有可能影响人们生活在某个地区的愿望。理论上，我们可以尝试控制一系列丰富的地区特征，但我们也许会经常质疑能否理想地度量这些事物。因此，观察到的社区属性与回归误差项之间的相关性几乎总是影响着享乐评估。

由于这种潜在偏差，研究人员普遍从大都市区层面的分析（比如地区层面的天气和价格之间的相关性），转向我们可以更加确信的可比社区这一较低层面的分析。例如，观察学校质量影响住房价格的早期研究做过跨学区的比较。这些学区通常与其他的政府边界紧密关联，所以很难保证任何观察到的结果只反映了学校的影响。此外，高人力资本群体选择进入有较好学校的地区，因此，很难知道学校和房产价值之间的相关性反映的是学校本身还是被学校吸引而来的人们。

针对这些问题，布莱克（Black，1999）转而使用就近入学区（attendance districts）概念。就近入学区在辖区内运作，并测定某一家庭的孩子将上哪所较低水平的学校。同个学区但不同就近入学区的人们缴纳相同的税金，接受所有相同的其他政府服务。布莱克对越来越小的地理单元进行比较，一直比较到恰好与不同的低水平学校相关、又在同一条街两侧的家庭，由此解决了被忽略的社区特征问题。布莱克的评估仍然发现很多人愿意付钱上更好的学校，但她的估计值还是远远低于早期地区层面研究得出的结果。

三、集聚经济与住房供应

在上一节中，我讨论了如何将空间均衡假设的不同影响均等化。空间均衡假设侧重人们的区位选择，并暗示一个地方的坏事物（如高房价），会和该地方的好事物（如高工资）相互抵消。这个无差异条件（indifference condition）只反映了劳动力市场和住房市场的一个侧面。在劳动力市场上，人们的这些选择反映了劳动力供给但不反映劳动力需求。在住房市场上，人们的这些选择反映了住房需求而非住房供给。所以，要想充分了解跨空间的人员、房价和工资的分布，我们还得诉诸雇主和住房开发商的决策或劳动力需求和住房供给的决定因素。

经济模型的常规目的是，用外生变量（如地理或长期存在的历史条件）来解释内生变量（如价格和数量）的差异。既然工人的空间无差异条件并未告诉我们工资或住房价格的差异可能来自哪里，我们就需要引入劳动力需求和住房供给，以便能够将价格、工资和人口同外生因素联系起来。

企业选址与劳动力需求

我们前面所讨论的空间均衡要求不同的空间位置对人们来说是无差异的。类似的条件也适用于企业。如果公司在某个特定区域营运，那么经济学家就会推断，该公司无法通过搬迁到其他地方来获得更多的利润。和往常一样，经济学家认为这种情况只能近似成立。显然，从迁移成本到首席执行官的空间偏好，许多因素都可能意味着企业在选址时无法完美地达到利润最大化。虽然经济学家承认这些值得注意的因素，但无套利均衡假设似乎依旧是研究空间决策的最佳工具。这一假设使我们认为，在公司面临较高成本的地方，一定有别的东西对公司有利，否则它们就会迁离该地。

高工资大概算是最显著的位置属性，从企业的角度来看属于不好的属性。对工人而言，高工资是一股吸引力。但对于公司，高工资（工人素质保持不变）意味着高成本，所以是负面因素。空间均衡逻辑表明，高工资地区肯定有什么好的东西，从公司角度看抵消了开展业务的高成本。最合理的解释是，高工资地区也是经济上更高效的地区。

劳动经济学家会得出和城市经济学家一样的结论：高工资意味着高生产率，但他们的思路可能略有不同。经济学理论表明，在一个竞争性的劳动力市场中，企业应该持续雇用工人直到新增一个工人的成本（即工资）等于该工人的边际收益（即由该工人工作带来的总利润增加）。如果最终产品在不同地区的价格保持不变，那么这个条件表明，工资至少约等于劳动的边际产量。这一推理意味着，工资几乎可以直接测量某个地方的劳动力的边际收益产出（Marginal revenue product，MRP）。

为什么有些地方的生产率足以令公司愿意支付更高的工资以便在该地开设业务。最简单的解释也许是，某一地区具有某种先天的地理优势，譬如获得煤矿或深海港口等宝贵的自然资源。我们对 19 世纪芝加哥的工资似乎总是居高不下应该并不惊讶，因为这座城市处在一个无可比拟的位置——美国内陆水网的枢纽。今天，阿拉斯加州的工人薪酬很高。从工人的角度看，高工资补偿了寒冷对个体带来的不适。从公司的角度看，阿拉斯加以自然资源为基础的生产率弥补了这些高工资。

一些区位优势是先天的，但更多则是人为的。城市经济学的一个悠久传统可追溯到屠能模型，该模型强调靠近客户和供应商的优势。企业如果比较靠近供应商，它会更有效率，因为可以节省运输成本。如果企业更靠近客户，则可以节省最终产品的运输成本从而提高效率。节省这些运输成本的愿望，解释了美国早期各港口周围发展出大工业城市的原因：初始的经济活动集中度吸引了打算向第一批居民出售产品和利用该地区交通网络优势的企业。节省运输成本的能力使企业更具效率，并且抵消了与更高工资相关的成本。

当然，在 20 世纪的大部分时间里，货物运输成本已经下降。我和科尔哈泽（Glaeser and Kohlhase，2004）证明，铁路将一吨货物运输一英里的实际成本下降了约 90%。当我们考虑了总体经济增长和新运输技术的引进（如卡车和飞机）后，成本下降的幅度更惊人。成本降低导致以前能减少货物运输成本的区位优势变得不再重要。围绕中西部水运航道建成的城市逐渐衰落，这是货物运输成本重要性下降的自然结果。运输成本下降的另一后果是，在曾经具有交通优势的地区，工资相对于全国其他地区有所下降。

虽然与货物运输成本降低相关的区位优势的重要性已今非昔比，但是跨空间的工资和生产率差异仍和以往一样大。这个事实的经济学解释是，必定有其他力量继续使某些地方较其他地方更具生产力。尽管货物运输成本大幅下降，可人口迁移成本并没有稳步下滑。由于时间是人口迁移成本的主要投入，并且时间的价值大致随工资水平的上升而增加，所以人口迁移成本仍然很高。结果，很多城市逐渐专注于提供需要面对面交流的服务。

如今，工资水平最高的大都市区专长的往往不是制造业而是商业服务。这些行业（包括法律、金融、咨询、会计等）在某些地区越来越具生产力，因为它们离客户近而且彼此的关系非常密切。不同类型服务之间的互补性是指（譬如）一个律师在曼哈顿的生产率普遍高于在蒙大拿农村的生产率，因为律师在曼哈顿靠近金融服务行业的潜在客户。

与人邻近不仅降低了传统的运输成本，还能有更多机会获取这些人的想法。继阿尔弗雷德·马歇尔之后的一系列研究强调了地方生产力与获得某些特定区域的新思想之间的关系。19 世纪伟大的经济学家阿尔弗雷德·马歇尔有一个著名论断，即在一些活动密集的区域，“贸易的奥秘已不再神秘，它一直都是信息的传播。”在《城市经济》一书中，简·雅各布斯遵循马歇尔的引领，强调城市在产生创新活动中扮演的角色。雅各布斯认为，新思想的形成结合了人口稠密市区的旧思想和灵感财富，这类市区更易于知识的相互交流和相互促进。

经济学家越来越赞同一个观点，即城市乃人力资本的炼炉、创新事物的孵化器（Duranton and Puga，2001）。这个观点与人力资本溢出效应的想法不谋而合：特定地区的生产率取决于受过良好教育的人才密度，因为这些人能产生更多的想法。这方面的一系列证据考察了城市地区的工资决定因素。劳奇（Rauch，1993）指出，假定个人的人力资本保持不变，高人力资本地区的工资将上涨。图 6 显示了平均收入残差（即个人学历和经验保持不变下的收入）与大都市区大学毕业生占比之间的关系。住在教育程度较高地区的人挣得更多，这或许说明了这些地区由于思想交流更迅速从而提高了生产率。

另一些有关地方生产率知识来源的证据探讨了城市增长模式。地方知识对

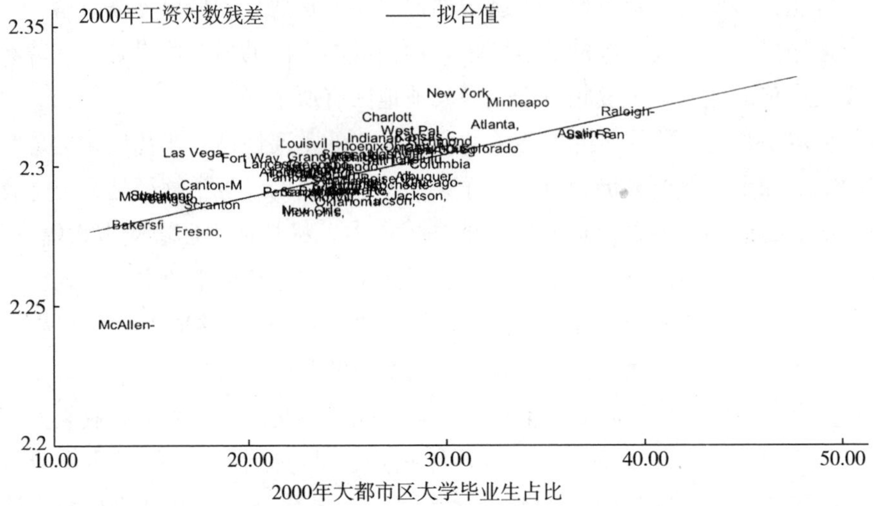

图 6　平均收入残差和大学比业生占比（2000 年）

当地生产力似乎越来越重要这一事实，与某个地区的初始人力资本和后期发展之间有着密切的联系。地方技能是大都市区获得成功的最佳预测指标之一，尤其是在美国的衰落地区。图 7 显示了 1980 年大学毕业人口的比例与自那时以来的大都市区增长之间的相关性。这类间接证据使经济学家趋向于认为，地区生产率差异也许应归功于聪明人才在相互交流、相互学习中大获裨益。

住房供应

城市经济模型的最后一个主要组成因素是住房供应。经济学家当然不会无视现实世界，所以也不会忽略建筑环境在城市发展中的作用。实际上，一个城市的人口比例变化和该城市住房数量的比例变化几乎相同。图 8 显示了 1980—2000 年美国各大都市区之间的这种相关性。如果住房数量与该地区的整体增长如此紧密相关，那么了解一个地区住房数量增长的决定因素（这本身就反映了住房供应）肯定是至关重要的。

同样的，经济学家把用于研究劳动力市场工资和就业的决定因素的无套利工具，运用在分析住房供应上。住房市场的关键无套利条件是，住房价格不得高于供应新住房的总成本。如果开发商出售一间房子的价格高于建造房子的成本，那么经济学逻辑有力地表明开发商就会建造新房子。这个逻辑意味着，开发商会继续建设直至新建成本等于住房成本。

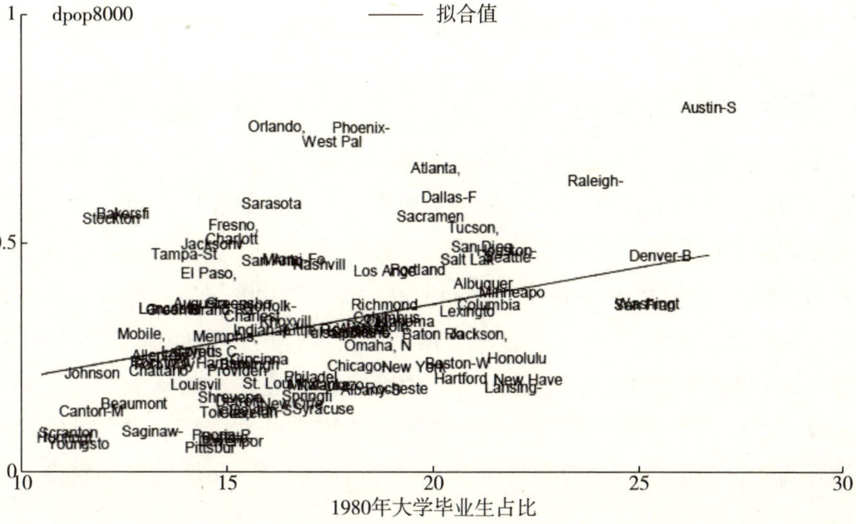

图 7　1980—2000 年人口增长与大学毕业生占比（%）

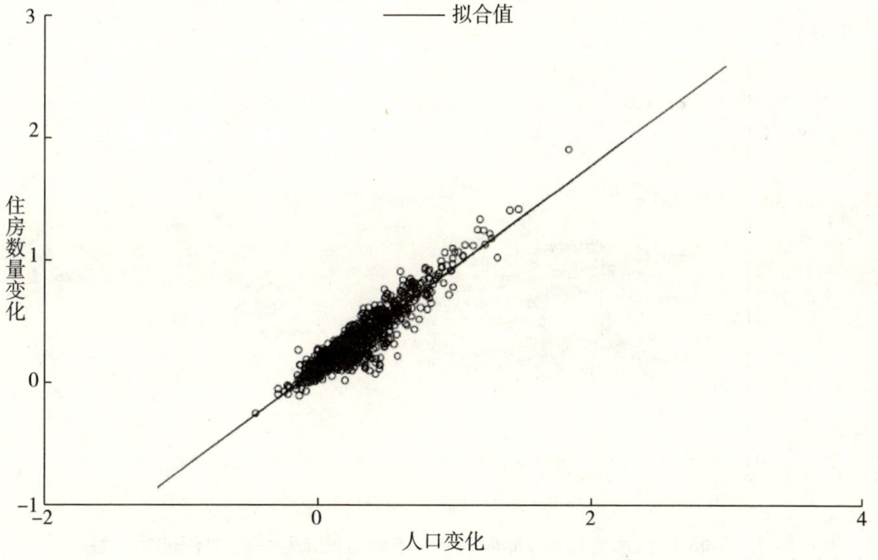

图 8　住房数量变化和人口变化（1980—2000 年）

这种情况同样也只是大致成立。尽管大多数城市地区的开发商数量庞大因而可能极少出现垄断，但建筑行业仍然存在一些市场缺陷。建造住房需要花费时间，尤其是审批时间漫长，这意味着开发商在启动审批程序时都是在猜测最终的销售价格。即使有这些限制，经济学家仍然相信住房价格应接近建筑总成本这一均衡条件。

如果各个地区的住房基本供应是相同的，以至于生产成本几乎完全一样，那么重点关注住房供应以外的其他因素是完全合理的。然而大量证据表明，不同地方的住房供应各不相同。如果每个地方都有自己的住房供应，我们将会看到大建筑面积的价格高，小建筑面积的价格低。

图 9 显示了 2005 年的住房价格与 2000—2005 年间一个大都市区新建设工程许可数量之间的相关性。由图 9 可知，在美国，房价高的地方开发程度低，充分开发的地方房价低。这一事实并不符合各地仅在住房需求上存在差异的观点。此观点认为，价格高的地方也会有更大规模的开发。只有住房供应差异可以解释为什么旧金山的地价高且建设工程许可申请少，而休斯敦则建设工程许可申请多且价格低廉。

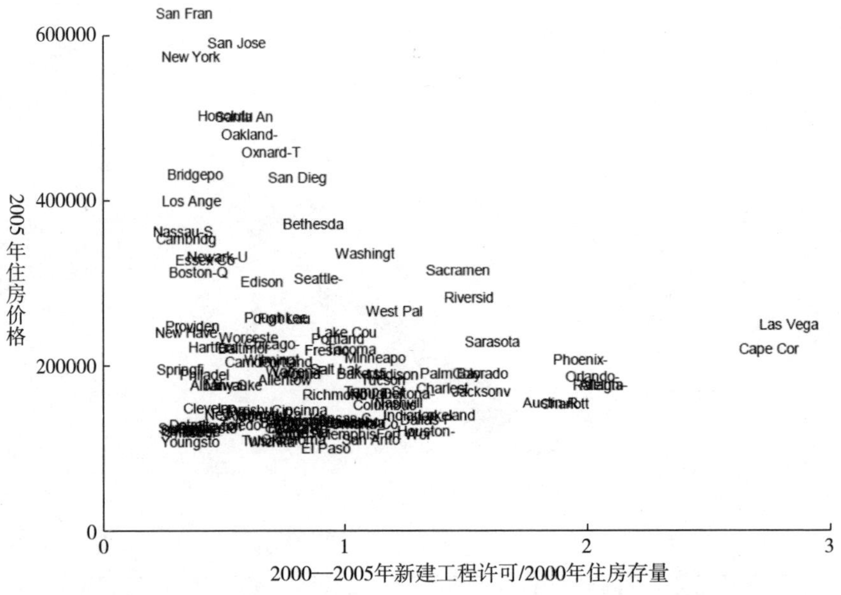

图 9　2005 年住房价格与 2000—2005 年新建设工程许可之间的相关性

一些供应条件差异反映了建筑工程的实际物质成本。吉尤科和赛斯（Gyourko and Saiz，2006）预测，跨地房价差异区的五分之一可归因于建筑成本差异。有些地方的原料，特别是劳动力，确实比其他地方昂贵。住房供应差异的某些部分也反映了物理条件，比如缺乏土地以及存在洪涝、干旱等自然开发障碍。

在与吉尤科等人对这一领域的研究中，我一直认为，解释大部分跨地区住房供应差异的是土地使用法规，而非建筑成本或住宅用地密度（land density）。这个论点既基于住房建造直接证据（将土地用途管制和减少住房建造、提高价格联系在一起），也基于多种形式的间接证据（Glaeser and Ward，2006；Katz and Rosen，1987）。例如，新建工程多见于住宅用地密度较高的地区，而不是住宅用地密度较低的地区。曼哈顿的房价远远高于给新楼宇增建一层来提供新单元的成本。价格和成本之间的差距似乎意味着新建筑遭遇的监管壁垒。如果这个假设正确，且住房供应差异反映监管制度的差异，那么监管制度将对生活成本和城市增长产生重大影响。

经济学预测住房价格不会高于新建成本，但它无法预测最低房价。房价也许会低于建设成本，可如果真是这样，经济学分析表明，新房建造就会停止。铁锈地带的市中心大抵就是这种情况：住房价格远远低于建设成本，几乎没有任何新的住房建设（Glaeser and Gyourko，2005）。尽管一些地方的生产力和便利程度不足以证明住房成本可以弥补建设成本，这些地方仍然会继续存在。在这些地方，我们可以看到城市持续衰退，因为当前的低价格表明，几乎没有足够的需求刺激市场投入新住房的建设。

衰退城市有大量耐用住房的一个含义是，试图以新的住房建设振兴这些城市是极不合理的。这类城市的住房供应和物质基础设施都大于需求。这就是住房价格非常低的原因。所以，通过建设更多的基础设施来应对这种情况又有什么意义呢？

四、城市经济学的经验研究方法

学科划分不仅要根据核心理论假设，还要根据它们的经验研究方法。在过去的50年里，经济学尤其专注于统计工作，将自己与大型数据集（并非案例研究）区分开来。而在过去的15年里，从事经验研究的经济学家格外重视因果推断。经验经济学的实力在于定量的经验研究方法，特别是侧重于探讨外生变量源的复杂方法。相比之下，只有少数经济学家真正具备非量化研究（如人种学）的专业知识。

有关城市社会科学的早期经典作品没有一部出自经济学家之手，那些作品通常结合了统计工作和描述性的观察。例如，杜波依斯（DuBois）的巨著

《费城黑人》就融合了统计资料和社区的第一手知识。在接下来的世纪里，诸如“芝加哥学派”等城市社会学家开发出人种学研究工具，从而刻画了城市生活的丰富细节。人种学的经典之作，如甘斯（Gans）的《都市村民》或伊力特·莱宝（Liebow）的《塔利的角落》，都对特定的社区作了大量描述。

城市社会学和城市政治学领域的统计研究，越来越多地依赖于它们是否有能力刻画特定区域更加详细的信息。譬如，在20世纪期间，社会学在探询城市生活的具体问题方面日益精进。最近，有学者（Sampson、Raudenbusch and Earl，1997）使用电影摄影机等技术来获取特定区域的视觉图像，然后将之转化为研究社区活动的统计方法，远远超出了一般的行政管理数据（administrative data）。

经济学家很少愿意这样投入地获取特定社区更丰富的资料。他们更感兴趣的通常是一般模式而不是特定地方的独特性质，所以他们几乎不曾尝试全面测量某个地方。此外，由于经济学家很晚才开始研究城市，他们没有多大激励与社会学家在后者尤其擅长的学科领域内展开竞争。最后，经济学家特别关注那些往往在行政管理上可获得的经济变量，比如收入和房价。

无论是在人种学还是内容丰富的环境度量方面，经济学家都没有很大贡献，不过他们相当注重因果推理和外生变化。这种关注强烈依附于正规经济理论。经济模型一般都是为了预测某个外生变量和内生变量之间的关系，例如，对某个行业的外生的成本冲击与价格和数量之间的联系。既然我们的模型面向外生变量与结果之间的关系，那么我们的理论工作也就集中在外生性上。

这一理论背景并不妨碍人们探索两个内生变量之间的相关性。例如，图3所示的收入和房价的关系无疑与城市经济学息息相关。然而该图缺乏外生变量，令许多经济学家难以信服。图3中显示的相关性可能意味着有些地方本质上比其他地方更具生产力，因此工资更高，房价也就更高。或者，图3可能意味着一些地方的房价本质上比其他地方更高，而高房价导致了高工资。如前一节所讨论的，要想真正理解这种相关性，嵌入内生住房供应的一套理论工具是必需的。

对一名经济学家而言，解读图3需要借助不同地区生产率的外生变化来源。外生变化能让我们描绘出更高生产率对工资、价格和住房供应产生的影响。不幸的是，这种外生变化来源往往很难获得。一种方法是观察某个特定区域生产的商品的国际价格随时间发生什么变化，然后看这个国际价格如何改变工资、物价和住房建设。一个特别明显的例子是，石油价格强烈影响得克萨斯州的物价、住房建设和工资。由于石油价格很大程度上取决于得州经济以外的因素，这就为我们提供了一个外生变化来源，可以用于分析收入和房价之间的联系。

过去 15 年来，经济学家在运用因果推理工具研究城市问题上已有很大进展。譬如，霍克斯比（Hoxby，2000）运用跨大都市区的河流数量来说明自然壁垒数量的外生变化，然后预测一个区域的政府数量。使用这种自然的外生变化来源时，发现更多的政府间竞争提高了学校绩效。

迄今为止，史蒂夫·莱维特是确定外生变化来源最成功的人，其畅销书《魔鬼经济学》令他的研究闻名于世。莱维特的研究往往都是依靠外源事件来确定重要的经济关系，比如通过美国公民自由联盟起诉监狱的案件探讨监禁罪犯对犯罪和城市发展的影响（Levitt，1996；Berry－Cullen and Levitt，1999）。没有这类外生变化来源，经济学家将很难阐明监禁与犯罪之间存在任何有意义的联系，因为监禁率本身就是一个地区犯罪数量的函数。

另一种因果推理办法是运用公共政策的空间不连续性。由于政策的边界变化不连续，如果假设其他因素出现较为连续的变化，就可以确定出独立于这些其他因素的政策影响。上文讨论的桑德拉·布莱克关于房价和学区的研究，正是经济政策空间不连续性的一个运用。霍姆斯（Holmes，1998）使用这些不连续性分析了诸如“工作权法”等就业政策对企业位置造成的影响。虽然这种方法能产生某种与公共政策的随机边界变化相关的自然试验，但是如果很多政策同时改变边界，要确定某项政策的影响就变得十分困难。

最后要补充的是，注重因果推论的经济学对设计新的政策试验越来越感兴趣。最著名的试验可能是美国住房和城市发展部资助的“向机会迁居”（Moving to Opportunity）项目。在这个试验中，生活在极度贫困地区的受试者被随机分为三组。一个是对照组，不能获得任何援助。第二组按第八条（Section 8）的标准得到租房补贴券。第三组收到一张特殊的住房优惠券，承诺如果接受者搬迁到低贫困社区，“向机会迁居”项目会偿付住房费用。两个试验组的接受者都使用他们的优惠券迁居到低贫困率和低犯罪率的地区（Katz、Kling and Liebman，2001）。

这个试验令经济学家异常兴奋，因为它似乎有助于鉴别社区选择如何影响儿童和成人日后的出路。贫困与在贫困社区成长之间的基本相关性可能暗示了社区效应的存在：贫困社区的儿童日后的出路令人遗憾，是由于缺乏经济机会、行为榜样或良好的学校。然而，这些相关性有可能反映了如下事实：贫困社区的父母在一些难以测量的方面本质上不同于较富裕社区的父母。“向机会迁居”试验使我们有机会对获得了住房优惠券的父母和没有获得住房优惠券的父母进行比较。

该试验的基本研究结果表明，社区效应可能被高估了。获得优惠券的父母确实好像更开心了，但他们在经济上并没有获得更大的成功。优惠券获得者家庭的女童的确获益匪浅，但男童的情况却变得更糟。“向机会迁居”项目的研究运用外生变化质疑了与生态相关性有关的流行观点。这些研究成果显示，经济学家借助外生变化获得研究结果可能显著不同于运用原始相关性（raw correlations）获得的研究结果。

关注因果推理是经济学家重视形式化理论（formal theory）的一个经验研究上的副产品。另一个副产品是使用数据来估计形式化模型（formal model）。譬如，埃利森和我（Ellison and Glaeser，1997）提供了一个关于企业区位选择的形式化模型，然后创建了一项自然指数：产业地理集中度。罗森塔尔和斯特兰奇（Rosenthal and Strange，2001）使用这一指数对集聚经济的根源进行分析。事实上，经济学的一个常见观点是，研究人员能够利用回归分析来估计形式化模型的参数。

五、经济学与城市政策

城市政策的经济学研究在使用成本收益分析的同时，还假设政策目标是增加人们的可行选择。这个假设最重要的部分在于，是人而不是地方，才是重要的结果。一项能营造一个美丽的城市却不增加个人福利的政策，对大多数经济学家来说并没有吸引力。在他们看来，给人们带来的收益大于成本的政策才是有意义的。这一点也许不能区分经济学家和社会学家，却使经济学家有别于某些重建设的城市规划者和以地方为本的政客。

经济学家以人为本的愿望可能显而易见，但往往和基于地方的城市政策相冲突。例如，欧盟为意大利南部贫困地区投入的基础设施建设支出，以及美国阿巴拉契亚区域委员会推出的区域政策，都是经典的地方政策，旨在使特定地区变得更加富裕。卡特里娜飓风过后，许多人呼吁向新奥尔良注资数千亿美元以振兴该城市。

对公共政策的经济学研究促使我们探询这笔资金能否更好地用在人们身上而不是地方政策上。譬如，新奥尔良的50万居民每人获得20万美元好呢，还是投入价值1000亿美元的政府基础设施更好。似乎很难认为基础设施投资对新奥尔良人民来说是最好的，而经济学也没有给我们提供针对地方支出的普遍规律。人们居住在发达地区时，他们的生活当然很富足，有些时候帮助人们的最佳方法确实是改善地方的状况。比如19世纪末的供水系统投资，就是基于地方的政策。大规模的公共工程项目（如克罗顿水渠）为特定区域的居民提供了清洁用水。清洁用水是避免霍乱等流行性公共卫生灾难的关键，很难否定这些以地方为本的投资带来的收益超出了成本。预防犯罪一般也要因地而异，投资地方治安产生的好处常常大于成本。

然而，在某些情况下，以地方为本的政策体系并不十分明智。首先，很多地方支出的受益者往往是当地地主而非当前居民。例如，在一个当代艺术爱好者稀缺的贫困社区建立一座精美的艺术博物馆，也许会提升住房价格，因为富有的专业人士为了邻近博物馆愿意支付更多的钱。但是，倘若原居民并不关心艺术，那么他们的景况就会恶化，因为他们要为住房支付更高的价格，却得不到他们特别重视的东西。

以地方为本的政策存在的第二个问题是人为扭曲迁移决策。人们也许可以轻率地认为，对衰落地区的居民来说，离开衰落之地迁入经济前景更光明的地区是再好不过的事情。如果地方政策弱化了迁移的激励，那它们可能会阻碍人们从生产率较低地区迁移至生产率较高的地区。这一见解类似于经济学家反对支持夕阳产业的观点。经济效率要求工人迁移到更有效率的行业或地方。试图阻止这一过程的经济政策会降低效率。

以地方为本的政策的第三个问题是，这些政策往往为更有利于承包商而非目标群体的庞大开支提供借口。由于某个特定地方的魅力所产生的无形吸引力不适合于传统的成本收益分析，这意味着，各种项目可以无需给人们提供大到足以证明其成本必要性的收益。例如，20世纪60年代许多市区改造支出被视为重建城市的一种方式，几乎没人想过这笔费用给人们带来的收益是否大到足够抵消成本。

经济学和自由放任

形式化经济理论中一些最著名的结论指出，在市场不失灵的情况下，竞争性市场会带来合乎社会需要的结果。当然，即便是这些结果，也并不表示自由市场的收入再分配是公平的。而且，市场失灵通常是城市的地方病。市场失灵的一个例子是外部性，所谓外部性是指一个人的行动并非通过价格传导机制影响他的邻居。外部性的典型案例是污染。市场失灵的另一个例子是出现非竞争性和非排他性的公共物品，如法律体系。城市人口的紧密联系通常会加大外部性和政府干预的范围。

污染、疾病传播、拥堵等外部性问题意味着城市经济学极少支持纯粹的自由放任。经济学家几乎都不质疑减少疾病的清洁用水支出或地方警察需求。此外，城市中存在的集聚经济有可能导致经济外部性，而经济外部性原则上解释了政府干预当地经济的合理性。

尽管存在大量的外部性，经济学家仍然比许多其他学科的学者对许多形式的政府干预持更怀疑的态度。这种怀疑并非基于对自由市场不加批判的信仰，而是对政府的能力和善意心存疑虑。亚当·斯密的《国富论》差不多算是经济学的奠基性文献，是苏格兰启蒙运动的产物。和启蒙运动的许多思想家一样，亚当·斯密质疑国王会尽心尽力为臣民谋福利。虽然毋庸置疑的是，民主普遍使政府更加仁善，但经济学家仍然不相信有尽善尽美的政府。因此，偏爱有限政府的经济学家不是出于对市场的绝对信仰，而是因为怀疑国家是否具有理想的仁善。

在城市研究中，对政府的优良品质和能力的怀疑当然有一定的事实依据。19 世纪美国的许多城市普遍存在腐败。市领导阶层往往受制于左翼和右翼的特殊利益集团。另外，提供给地方政府的资源有限，常常致使哪怕是仁慈的城市政府也很难制定出正确的行动方针。

质疑政府干预的边界在激进经济政策的争论中尤显重要。争论的一方是赞成干预的专家，他们强烈主张使用政府干预以确保各行各业的发展，从而为城市中的其他人和公司带来正外部性。反对干预的专家怀疑政府是否有资格获得干预的权利。比森和温斯坦（Beason and Weinstein，1996）指出，日本通产省（现更名为经济产业省）就不善于将资金导入事后会成功或事前可能有高回报的公司。城市政府总是瞄准增长机会甚微的老式产业，这种业绩纪录往往并不令人鼓舞。

反对把公司作为目标的人认为，最好的经济发展计划是吸引人才并且不要妨碍他们的发展。他们对于什么事物能吸引人才有一些分歧。理查德·佛罗里达（Richard Florida）等人强调时尚的市区。另有人强调良好的学校、安全的街道和快捷的通勤。虽然所有这些争论都很活跃，但没有任何迹象表明，经济学家已经就这些问题达成了学科范围内的共识。

城市的边界与迁移

城市经济学家几乎一致认为，好的城市政策必须反映人和公司都是流动的事实。城市经济学的核心就是区位选择，因此毫无疑问，城市经济学家始终对政府政策和区位选择之间的联系特别敏感。蒂伯特（Tiebout，1956）在他的有关地方公共财政的开创性论文中指出，许多不同的地区为消费者提供了消费何种公共服务的多样化选择。正如经济学家认为的，企业间竞争可以确保消费者有丰富的产品选择，政府间竞争似乎也使消费者能够用脚投票，选择最满足他们需求的政府。

蒂伯特提出（但不是强调），政府间竞争带来的另一个潜在利益是强化政府面临的激励。由于经济学家倾向于怀疑公共部门固有的仁善，所以迫使政府为吸引人员和企业相互竞争或许会有益处。和私营部门垄断无法好好服务于消费者一样，公共部门的垄断也会产生问题。霍克斯比（2000）的经典论文探讨了政府间竞争与更好的学校供给之间的关联。

经济学家对人员和企业流动的强调，为地方和国家层面的政策建议提供了指导。在地方层面，要素流动意味政策制定者在实施再分配政策时面临强有力的约束。劫富济贫或许有其社会吸引力，但从城市的角度看，这种再分配可能会导致富人的快速逃离。该观点的经典陈述出自保罗·彼得森（Paul Peterson）的著作《城市的极限》。彼得森是政治学家，但他深受经济学、尤其是蒂伯特的影响。由此得出的一个假说是，由于人们日益认识到财富的流动性，20世纪60年代有社会远见的市长（如约翰·林赛），被那些看起来更像城市管理者的市长（如理查德·戴利）所取代（Glaeser and Kahn，1999）。

富人的流动性表明，市长应避免令富裕人群产生厌恶心理，而且他们也许应该实施那些能吸引高人力资本居民的政策。城市的成功和有技能的人口之间稳健的相关性表明，对于试图在自己辖区内创造长期经济成功的市长来说，一项极其明智合理的政策可能就是吸引有技能的人才。至于哪些东西会吸引有技能的人口前往某座城市，人们显然尚未取得共识。

在国家层面，强调人员和企业的流动往往让经济学家支持空间均衡的理念。很多经济学家认为，政府不应当干预企业之间的竞争，因为它们是在努力使自己的利润最大化。类似的，很多经济学家认为，一国政府也不应当干预城市之间的竞争，因为它们正试图吸引人才和企业。扶持特定城市的政策将弱化竞争激励，制造空间扭曲，人为地把人员从一个地方推到另一个地方。经济学家建议市长如何打造自己的城市，同时又建议国家政府保持中立，这两者并不矛盾；同样，经济学家向个别企业提供咨询服务与他们反对政府干预市场之间也没有冲突。

六、结论

城市经济学只是帮助我们解读城市的众多学科中的一门。在社会科学中，城市经济学研究的显著特点是，它和基于无套利均衡概念的正式经济理论之间有密切联系。经济学家在解读城市时利用了一个分析框架，在这个分析框架中，人们在空间上是无差异的，雇主不关注在哪里置业、雇用多少人，开发商视建造更多或更高的楼房无差别。对理论的这种热衷为城市经济学提供了准则和清晰的结构。城市经济学家所做的研究，几乎都可以理解为探讨人们为何选择居住在城市地区这个重大问题的一部分。

虽然城市经济学研究有许多优势，但是这种经济学方法也有深刻的局限性。经济学家从未获得可用于研究建筑环境或各个社区复杂性的技能。我们过多地专注于定量方法，导致难以用科学的方式对待历史性的叙述。我认为没有人能在缺乏经济学工具的情况下理解城市；同时如果经济学家不大量借鉴其他学科的知识，也无法真正理解城市。

（颜超凡 译）

参考文献

Alonso, William (1964) *Location and Land Use.* Cambridge: Harvard University Press.

Beason, Richard and David Weinstein (1996) "Growth, Economies of Scale and Targeting in Japan (1955 – 1990)" *Review of Economics and Statistics* 78 (2): 286 – 295.

Becker, Gary S. (1965) "A Theory of the Allocation of time," *Economic Journal* 75 (299): 493 – 517.

Black, Sandra E. (1999) "Do Better Schools Matter? Parental Valuation of Elementary Education," *Quarterly Journal of Economics* 114 (2): 577 – 599.

Duranton, Gilles and Diego Puga (2001) "Nursery Cities: Urban Diversity, Process Innovation and the Life Cycle of Products," *American Economic Review* 91 (5): 1454 - 1477

Ellison, G. and E. Glaeser (1997) "Geographic Concentration in U. S. Manufacturing Industries: A Dartboard Approach," *Journal of Political Economy* 105 (1997): 889 - 927.

Glaeser, Edward L. and Matthew Kahn (2001) "Decentralized Employment and the Transformation of the American City," *Brookings - Wharton Papers on Urban Affairs* 2 (2001).

Glaeser, Edward L. and Matthew Kahn (1999) "From Lindsay to Giuliani: The Decline of the Local Safety Net?", *Federal Reserve Bank of New York Economic Policy Review* 5 (2): 117 - 132.

Glaeser, Edward L., Kahn, Matthew and Jordan Rappaport (2007) "Why do the poor live in cities?" *Journal of Urban Economics*, forthcoming.

Glaeser, Edward L. and Janet E. Kohlhase (2004) "Cities, Regions and the Decline of Transport Costs," *Papers in Regional Science* 83 (1): 197 - 228.

Glaeser, Edward L., Kolko, Jed and Albert Saiz (2001) "Consumer City," (joint with J. Kolko and A. Saiz), *Journal of Economic Geography* 1: 27 - 50.

Glaeser, Edward L. and Bryce Ward (2006) "The Causes and Consequences of Land Use Regulation: Evidence from Greater Boston," NBER Working Paper # 12601.

Gyourko, Joseph and Albert Saiz (2006) "Construction Costs and the Supply of Housing Structure", *Journal of Regional Science*, Vol. 46, no. 4 (November 2006): forthcoming.

Gyourko, Joseph and Joseph Tracy (1991) "The Structure of Local Public Finance and the Quality of Life," *Journal of Political Economy* 99 (4): 774 - 806.

Holmes, Thomas J. (1998) "The effects of state policies on the location of industry: Evidence from state borders," *Journal of Political Economy* 106 (4): 667 - 705.

Hoxby, Caroline M. (2000) "Does Competition Among Public Schools Benefit Students and Taxpayers?" *American Economic Review*, 90 (5).

Katz, Lawrence, Kling, Jeffrey and Jeffrey Liebman (2001) "Moving to Opportunity in Boston: Early Results of a Randomized Mobility Experiment," *Quarterly Journal of Economics* 116 (2): 607 - 654.

Katz, L. and K. T. Rosen (1987) "The Interjursdictional Effects of Growth Controls on Housing Prices," *Journal of Law and Economics* 30 (1): 149 - 160.

LeRoy, Stephen and Jon Sonstelie (1983) "Paradise Lost and Regained: Transportation Innovation, Income and Residential Location," *Journal of Urban Economics* 13: 67 - 89.

Mills, Edwin S. (1967) "An Aggregative Model of Resource Allocation in a Metropolitan Area," *American Economic Review* 57 (2): 197 - 210.

Muth, Richard (1969) *Cities and Housing*. Chicago: University of Chicago Press.

Rauch, James E. (1993) "Productivity gains from geographic concentration of human capital: Evidence from the cities," *Journal of Urban Economics* 34 (3): 380 - 400.

Roback, Jennifer (1982) "Wages, Rents, and the Quality of Life", *Journal of Political Economy*, Vol. 90, no. 4 (December 1982): 1257 – 78.

Rosen, Sherwin (1979) "Wage – Based Indexes of Urban Quality of Life" . In *Current Issues in Urban Economics*, edited by Peter Mieszkowski and Mahlon Straszheim. Baltimore: Johns Hopkins Univerity Press, 1979.

Rosenthal, Stuart and Will Strange (2001) "The Determinants of Agglomeration," *Journal of Urban Economics* 50 (2): 191 – 229.

Sampson, R. J. , S. W. Raudenbush, and F. Earl. 1997. "Neighborhoods and Violent Crime: A Multilevel Study of Collective Efficacy. " *Science* 277 (5328): 918 – 24.

Tiebout, Charles (1956) "A Pure Theory of Local Expenditures" *Journal of Political Economy* 64 (5): 416 – 424.

视界

Horizons

Comparative

美国经济增长的前景

布拉德福德·德龙

本文的目的，是讨论罗伯特·戈登（Robert Gordon）、泰勒·科文（Tyler Cowen）和布林克·林德赛（Brink Lindsey）等人提出的技术—增长停滞论。他们是非常严谨的经济学家，其观点很有冲击力。但我对此表示怀疑，对未来前景更为乐观，部分原因在于我本质上是个技术进步的乐观主义者；另一部分原因在于我也是个政治进步的乐观主义者，我认为他们没有看清由于政治问题导致的收入和需求管理的失败同积累和创新的失败之间的区别；还有部分原因在于，与罗伯特·戈登相比，我对经济增长过程的微观改进有不同的理论理解。

一、过去和未来的期望递减时代

保罗·克鲁格曼（Paul Krugman）在 1990 年发表了《期望递减的时代》（*The Age of Diminished Expectations*），是本非常精致的小册子。其中心观点是，一个多世纪以来，美国人对于人均收入和生活水平的年均期望增长率都保持在 2% 左右的水平，但这样的时代行将结束。这个漫长的增长时代的开端可以追溯到南北战争结束之际，每一代人的物质财富和生活福利都几乎相当于上一代人的 2 倍：2% 的年增长率，意味着每 35 年就能翻番。但克鲁格曼认为，1973—1990 年的工人人均实际 GDP 增长率只有 1% 的低水平，这预示着未来的前景将变得更为悲观，美国人过去习惯的对未来的较高期望将不得不下调。

---

* Bradford DeLong，伯克利加州大学经济学教授。

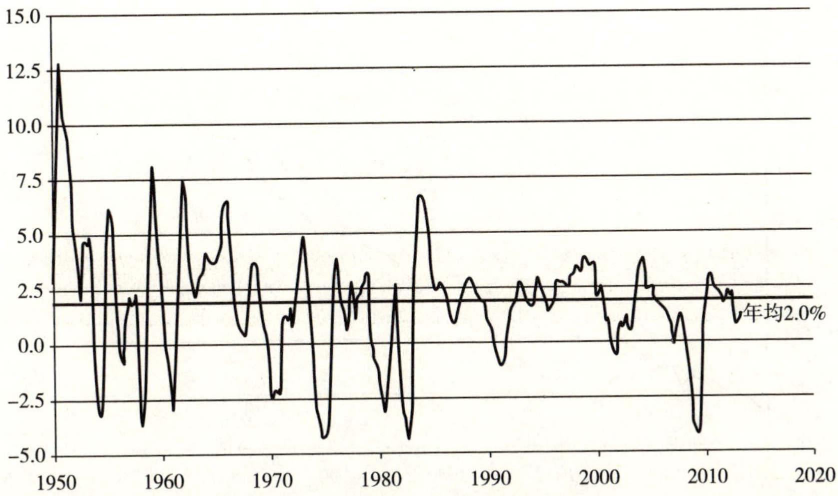

图1　美国工人的人均产值增长率

在《期望递减的时代》出版两年之后，美国经济进入了新阶段，工人人均产值的年增长率回到2%的水平，并持续了15年左右。在2000年代早期，我或许是唯一一个认为美国的增长可以跃迁到更高水平的经济学家，我提到人均实际GDP增长率可以提升到每年2.5%—3.0%的新常态，实际GDP总量的增速则可以达到每年3.0%—4.0%。

但如今，在金融危机之后，在小萧条（Lesser Depression）之后，在连续四年的复苏乏力之余，又有很多人在议论，人均产值维持2%的伟大时代已经结束，美国未来的增长预期将递减，我们的长期经济前景并不乐观。近期有三篇这方面的文章：布林克·林德赛的《增长为何更加困难》（Why Growth is Getting Harder）采取三万英尺的鸟瞰视角；泰勒·科文从中间层面分析大停滞现象（The Great Stagnation）的小册子《美国如何捡光现代历史的所有便宜》[How America Ate All the Low-Hanging Fruit of Modern History, Got Sick, and Will (Eventually) Feel Better]；罗伯特·戈登的工作论文则在更为具体的层面展开分析——《美国的经济增长是否已经终结?》（Is U. S. Economic Growth Over? Faltering Innovation Confronts the Six Headwinds）。

我们该如何评论这些观点呢？在每次较为严重的周期性衰退之中或之后，是否都会涌现此种类型的“长期停滞论”？本次衰退的情形是否真的不同于以往？有哪些理由证明我们真的面临“大停滞”时代？

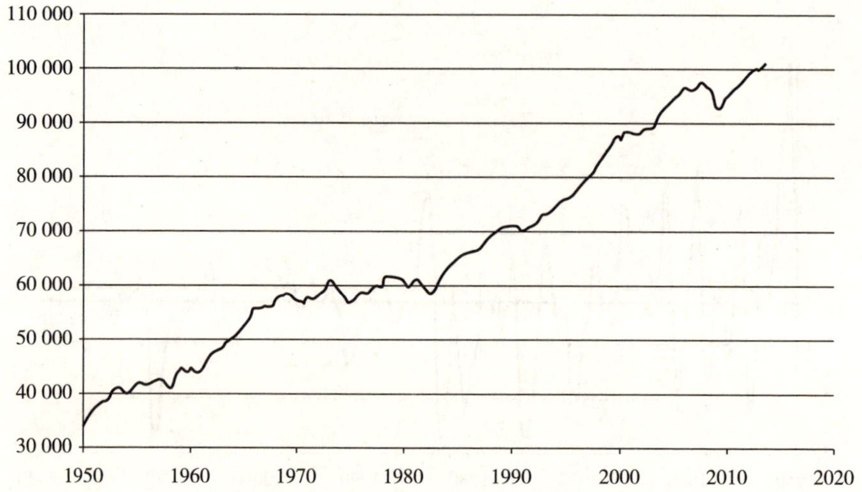

图 2　美国人均实际 GDP 增长

二、林德赛：增长变得有多困难?

我们首先来分析布林克·林德赛的文章《增长为何更加困难》。

> 一个多世纪以来，美国经济的长期增长趋势线表现得相当稳定……人均实际 GDP 的增长率……约为每年 2%……其中包含四个组成部分：(1) 人均工作小时数的增长；(2) 劳动力质量的提高；(3) 对单位员工投入的物质资本的增长；(4) 全要素生产率的增长……在 20 世纪中，不同组成部分的各自影响有所波动……但这些波动往往相互抵消……然而到 21 世纪后……增长的各个组成部分的水平同时下降……我们不得不接受的结论是，增长的条件已不像过去那样有利了，或者说，增长正变得更加困难。由此说明，我们必须采取更有利于长期增长的政策，才能更好地恢复增长活力……

林德赛的第一个论据是，在美国过去 130 多年保持 2% 的人均实际 GDP 增长率中，有 0.3 个百分点是由于劳动参与率的提高。然而这个因素的影响已经成为历史，于是人均实际 GDP 增长率必然下降到每年 1.7%，实现翻番的时间将从 35 年延长到 41 年。

林德赛的第二个论据是，美国对教育的投资率已不再增加：

> 在20世纪对美国劳动力质量影响最大的因素是美国的员工接受的学校教育年限大幅提升……哈佛大学经济学家克劳迪亚·戈丁（Claudia Goldin）和劳伦斯·卡茨（Lawrence Katz）的研究发现，在1915—2005年，教育对劳动力质量的改善产生的直接影响促使人均实际GDP提高了15%……然而这个增长源泉也已经在萎缩……美国的员工的平均受教育年限从1940年的9.01年提高到1980年的12.46年，每年的平均增长率约为0.81%。相比之下，1980—2005年的平均受教育年限进一步提高到13.54年，每年的平均增长率却下降到0.33%……

这个因素在每年2.0%的人均实际GDP增长率中的贡献也是0.3个百分点。如果我们不能重新大力推动教育进步，使其达到20世纪的改善速度，并使目前没能获得高等教育的那些人能获得同样高水平的高等教育回报，那么，这0.3个百分点的贡献因素很可能会下降到每年0.1个百分点。于是，美国的人均实际GDP增长率将继续下滑到每年1.5%，实现翻番的时间会从41年延长到46年。

林德赛还看到了储蓄率和投资率的下降，也就是资本积累速度的下降。我并不确定这是“投资”方面的实际情况，此外，由于资本品的相对价格长期下降，这个问题会变得更加复杂。我们不妨先搁置这些争议。从利润或者资本的边际产出的角度来看，在每年2.0%的人均实际GDP增长率中，大约有0.6—1.0个百分点应该归结为资本积累的因素。

最后剩下的每年0.4—0.8个百分点的增长，则归因于林德赛主张的第四个增长促进因素：创新。他的原文如下：

> 泰勒·科文和罗伯特·戈登都认为生产率的下降……反映着19世纪后期到20世纪早期的伟大技术突破的效应已走向枯竭……电力技术，涉及照明、发电机及电器设备；内燃机技术，涉及汽车、飞机、超市和郊区发展；分子重组技术，涉及石化、塑料和制药；通讯技术，涉及电话、电影、广播和电视等……已在多个方面改变了我们生活面貌的IT技术是否只能给生产率带来10年的强劲增长？还是说，目前的全要素生产率下滑只是长期复苏前的短暂调整？戈登本人对此持悲观态度……

我们暂且认为，布林克·林德赛的大致结论——人均实际 GDP 增长率可能从每年 2.0% 下降到 1.5% 的水平——这样的担忧的确有其道理。稍后我们再来详细讨论创新是否会放大或者抵消这些下降因素的影响。

接下来继续分析中间层次的观点。

三、科文：大停滞时期？

泰勒·科文在其世界排名领先的经济学博客中极力推广“大停滞”观点，他所欣赏的对此观点的最佳表述来自一位亿万富翁，彼得·泰尔（Peter Theil）：

> 有人答应给我一辆飞车，但我现在能做的只是利用推特发送 140 字的信息，我的飞车在哪儿？

在我看来，泰尔这样说带有一定的欺骗性，他是没有飞车，但他很快将拥有一艘飞船。如果你是当今世界的亿万富豪，你也是可以做些不寻常的事情的。即使在 1930 年代的科幻小说的黄金时代，拥有私人飞船也会被认为是不切实际的幻想。不过泰尔的确很快就能拥有一艘飞船了。

诚然，当前的技术进步方向与 1930 年代、1940 年代和 1950 年代的人们所瞄准的方向有很大差异，当年的进步是追求更大、更快、更喧嚣。彼得·泰尔、罗伯特·戈登和泰勒·科文等人认为技术进步的速度放慢了，但我认为，必须看到有实际意义的证据。

对今天的大多数美国人而言，“大停滞”假说似乎具有合理性。如果你像我们一样不属于最富裕的 5% 的人群，这样的假说似乎很符合现实：看看周围，你会发现与 30 年前处于收入水平类似阶层的人相比，你拥有的电子玩具要多得多，但你的住房位置距离理想地点更为遥远，教育成本更高，医疗费用大幅增加，通勤问题更令人头疼，一代人之前还可以负担得起的度假地点如今变得难以企及，等等。似乎只有最富裕的 5% 的人群在今天享受到的物质福利，比 30 年前的最富裕人群要好得多。对于那些身处最富裕的 5% 群体的幸运儿来说，今天的生活就好比“哦！”，对于那些身处最富裕的 1% 群体的人来说，好比“哦噢！”，对于最富裕的 0.1% 的人来说，好比“哦噢噢噢！”

我们目前正在经历一次严重的周期性衰退，加上过去一代人目睹了收入分配差距的急剧扩大，两方面影响综合起来很容易让人相信“大停滞”的说法。

但如果我们展望未来，如果美国经济能在2020年左右回到正常的周期水平，如果我们全面分析收入分配的顶层、中层和底层的情况，要接受“大停滞”观点就不那么容易了。

我对于泰勒·科文的大停滞理论向来不认同，但并没有站出来明确反驳，很大一部分原因在于我认为他对这个议题的陈述是不够公正的。例如，我们可以看看从他的著作的引言部分摘录的如下叙述：

> 美国陷入混乱，经济发展令人失望。我们经历了自大萧条以来最为严重的金融危机，失业率居高不下，二次探底的衰退论依然盛行。美国人对于拉动世界经济走出停滞状态毫无贡献，我们只能寄希望于亚洲来带动复苏。我们之前经历的三次经济复苏分别发生在1991年、2001年和2009年，都属于“无就业增长”的性质。商业复苏的速度远远快于就业的增长。自1970年代以来，平均工资增长缓慢，这种延续数十年的停滞状态目前尚未结束。前几代人获得的发展收益比我们这代人要大得多，他们的生活水平每过几十年就要翻番。我们甚至把自己以为已经获得的某些增长给还回去了。
>
> 这种没有实质意义的繁荣有很大部分是以债务、住房价格膨胀和经济幻觉作为基础。我们目前还在为重返2008年的经济产值而奋斗，而且即使在金融危机爆发前的那个刚过去的10年，也没有新就业岗位的净增长。此外，我们还将面临长期的财政危机，这是由于社会保障权益的成本增加、对债务的过分依赖，以及我们不愿意直面解决问题需要付出的代价而采取的得过且过的态度。问题还涉及美国的政治生活。民主党试图继续扩大政府支出，但中产阶级已感到压力巨大，公共部门的运转效果并不理想，而且我们还没有制定出满足未来的权利型社保支出的良好计划。共和党人谈论的都是减税能如何增加收入和刺激经济增长，这些观点不切实际。共和党人在执政的时候，对政府财政产生的破坏作用经常比民主党人更为严重……

科文的第一句话描述了背景，第二和第三句话在我看来与长期的“大停滞”现象无关，除非我们认为，一开始由于需求管理失误而导致的（严重）周期性衰退演化成了结构性的破坏。科文的描述似乎是针对周期现象，而非长期趋势，是针对短期的劳动力市场的周期调整，而非长期的生产率增长的问题。后面的关于1970年代以来平均工资停滞的论述，也不是讨论生产率发展趋势，而是分析分配方面的弊病。因此，直到上述引文的第一段结尾，科文都没有提及导致美国经济增长率下降的任何“大停滞”的内容。

从引文的第二段开始，科文描述的观点是我们并不像自己想象的那么富裕，虽然我也赞成这个观点，但这并不代表未来的增长率会放缓，而只是说过去的增长由于非理性狂热使人们产生了错觉。直到讨论“刚过去的10年，也没有新就业岗位的净增长”的时候，我们才看到关于“大停滞”的论据。然而科文接下来的讨论又转入美国的公共治理失败的议题，只是在我看来，目前的失败并不比历史上的情况更为严重。他的论述或许都成立：存在治理失败；对1990年代末和2000年代中期的财富估值过高；劳动力市场缺乏弹性，这与周期性调整有关；由最上层的1%的人群成功发动的洗劫其他人的阶级斗争；由严重的需求不足所导致的周期性经济衰退，等等。

可是，从这些论述中哪里能找到关于“大停滞”的论据？至少我没有看出来。

但既然现在需要讨论有关美国的经济增长和转型速度在未来两代人中的前景的观点，我还是努力从科文的论述中将这方面的意见提炼出来。

库兹涅茨断言，我们已经摆脱了马尔萨斯式的在饥饿边缘徘徊的时代，生活水平在可以预见的未来能保持每年2%左右的增长速度。而科文认为这样的判断从历史、理论和实证的角度来看未必总是成立，因为其基础证据在时间和地域上都较为狭窄，在我看来，这是他提出的最有趣的观点。在他看来，如果认为我们已经进入了突破式的发展轨迹，赶上了持续上升的通道，那其实是一种似是而非的先入之见。其先决条件有很多，包括有丰富廉价的化石燃料资源储备、现代科学与工程技术的不断进步，以及在生活水平提高到基本生存需要的两倍、女性开始接受文化教育之后，人口结构发生了变化（大多数女性都只想生一两个孩子），等等。因此根据我们总结的特征或者计算方法，从1870年、1800年、1720年或者1492年开始：

> 至少从17世纪以来，美国的经济发展享受了很多现成的果实，包括大量的空闲土地、蜂拥而至的移民以及强有力的技术革新等。然而在最近40年中，这些现成的便宜果实开始消失，而我们却假装视而不见。我们没有认识到自己正处于技术发展的高原期，成果的出现会比我们想象的更

加稀少。这就是问题所在。过去的思维是，18 世纪的工业革命推动了世界的不断进步，高速度的经济增长将会永远延续。而新的模式是，技术发展的高原期将定期出现，我们目前正陷于这样的状态，必须等待下一次重大的增长革命的到来……

科文的第二个有趣的观点是，有理由认为过去一代人的经济增长率被官方的统计数据过分夸大了：

我开始担心生产率统计数据和国民收入统计数据给我们造成了误导。实际的生产率和 GDP 增幅完全可能没有公开数据显示的那么高……一个简单的例子是：金融业在 2005 年美国的 GDP 中占 8% 的份额，而且这个数据在 2000—2004 年的“生产率繁荣”时期持续提高。我知道这些数据的含义，然而那些年的金融业到底生产了什么财富呢？

医疗健康又究竟包含多少价值？……我们去看医生，是希望让自己更为健康。然而医生面临的市场测评与苹果的市场不同。我们只需尝试一口，就能够知道苹果的口味如何，假如感觉不好，我们随时可以放弃某个品牌或某个商店。然而在医疗服务中，我们经常在很长一段时间里并不清楚医生到底在自己身上做了什么。换句话说，市场测评的内容是医生能否给我们希望或者给我们被照顾的感觉，而不是测评治疗诊断的实际效果。

儿童教育是否比以前有所进步？如今的教育支出相当于美国的 GDP 的 6%，然而所有这些教育投入的增加是否给我们带来了充分的回报？……我们可以看看最新的 2009 年《全国教育进步评估报告》（National Assessment of Educational Progress）——这是被普遍接受的最权威的数据来源。在这份 26 页的报告的头一页，我看到了如下叙述：“17 岁学生的平均阅读得分与 1971 年的成绩没有显著差异”；在同一页的下方还有：“17 岁学生的平均数学成绩与 1973 年没有显著差异”……

如果说，金融业在 GDP 中的比重从 4% 提高到 8% 是一种浪费，占 GDP 18% 的医疗服务费用中有一半是浪费（用实际美元价值计算相当于其他欧美国家的两倍，得到的国民健康结果却更差），占 GDP 6% 的教育投入所得出的成绩并不好于 30 年前的 4% 的投入，那么把这几个方面结合起来，我们是可以得出结论说过去 30 年的人均 GDP 增速每年高估了

0.5 个百分点。因此，美国经济的实际人均 GDP 增长潜力将从每年 1.8% 下降到 1.3%。再加上林德赛提出的劳动力质量和劳动参与率的增长率每年会下降 0.5%，最终的增长率将降至 0.8%。实现美国人均 GDP 翻番所需要的时间将远不止 35 年，而是 87 年。

科文的第三个有趣的观点是，生产效率降低的原因在于，我们的大量创新创业活动被引入了错误的方向：

> 现代的创新经常是为经济和政治特权集团服务，通过游说活动从政府获取大量资源，寻求知识产权法规的过分保护，生产的产品的价值来自其排他性或者身份属性……例如秋季推出的多款古驰品牌的手袋等。与近期的金融危机有关的可疑金融创新也是这方面的不那么引人注目的案例……收入差距的扩大众所周知，劳动和资本的供应在今天的全球经济中非常充裕，其回报率出现停滞。有价值的新创意变得非常稀缺，极少数掌握创意（无论是对社会有用的 Facebook 网站，还是可疑的抵押贷款支持证券）的人能获得更高的回报……如果要用一句话来概括现有的机制，那就是：最近和目前的创新更多是针对“再分配”类型的产品，而不是面向有“实用价值”的产品。这个简单的结论能把对很多事件的解释都连接起来：收入差距扩大、平均收入停滞，以及……金融危机……

考虑到过去 30 年每年的人均 GDP 增速被高估了 0.5%，再加上林德赛提出的劳动力质量和劳动参与率的年增速下降了 0.5%，其结论是实际人均 GDP 增速将下降到每年 1.0% 左右，实现翻番所需要的时间将从 35 年提高到约 70 年。走出困境的唯一希望在于：今后一代人不能再像过去那样，让威廉·鲍莫尔（William Baumol）所说的“破坏性企业家精神”（destructive entrepreneurship）把我们的生产能力投入到没有价值甚至破坏价值的产业中。

不过，假设我们的政治经济体制的确出了某些问题，今后一代人还是会通过新的途径继续把增长潜力浪费在非生产性的产业中，情况是否有可能继续恶化？是否还有理由认为增长率会被进一步压低？

泰勒·科文的答复是肯定的。当然在我看来，科文对此的回答更缺乏底气。他首先介绍说，我们能看到的果实都是不容易摘到的：

> 今天勉强进入大学的边缘学生都是什么样的？他们写不出清晰的英语

> 句子，甚至连阅读都成问题，也不会基本的数学运算……对许多学生进行教育既是可能也是必要的，我们也应该做更多这方面的工作，然而此类任务并不轻松，是长期而艰苦的过程……有人或许认为，在限制就业市场歧视方面，我们目前和未来还有现成的潜力可挖……不过，要想通过消除歧视现象来促进经济增长，还有若干最重要的步骤要完成……我们需要竭力维持边际改进……今天的物质生活与1953年并没有太大差距……我们驾驶汽车、使用冰箱、用开关来控制电灯……家庭里没有配备喷气式发动机，永远也不会去火星殖民地生活或访问。生活确有改善，我们的物质产品更为丰富，可是变化的速率已经放缓……如果有能实现远距离传送的机器，生活品质当然可以大为改善，但换台更大的冰箱，对生活水平的提高就很有限了……这就是我们今天的危机背后的真相，大多数现成的便宜果实已经被摘完了……

接下来，科文开始追随罗伯特·戈登的逻辑，把分别于1740年和1880年开始的第一次工业革命和第二次工业革命在当年开辟的广泛技术进步前景与如今的形势进行了对比：

> 1880—1940年那段时期给人类生活带来了很多重大的技术革新，新的发展领域包括电力、电灯、发电机、汽车、飞机、家用电器、电话、室内管道、药品、大规模生产、打字机、录音机、留声机、收音机……农业机械……高效肥料等。很多进步创意来自机械改进与化石燃料的结合……我们对这方面的开发已经达到了相当深入的地步……

那么，如果我们更多聚焦于促进经济发展的技术革新，又能得到怎样的结论呢？

四、戈登：一次性重大进步？

罗伯特·戈登认为，在过去250年的经济史中，主要事件是三次半工业革命：第一次工业革命是1750—1830年，主要涉及煤炭、蒸汽、纺织和铁路；第二次工业革命是1870—1900年，主要涉及电力、内燃机、公用事业、通讯和娱乐业，以及包括石油在内的化学工业；第二次工业革命的后续阶段是1900—1970年，涉及大规模生产、航空、公路运输和汽车业，以及摩天大楼；

从1960年至今的第三次工业革命则主要涉及计算机、网络和移动电信产业。

戈登认为，第二次工业革命及其后续阶段是一道大餐，带来了物质生活水平的一次性空前进步，也是今后难以复制的：我们的城市化和全球化只能发生一次；我们把女性从打水、清洁和织布的家务劳动中解放出来，也只能发生一次；我们让世界各地的住房的室内温度都稳定在宜居范围，这样的革命性进步也只能发生一次。戈登认为，这次大跃进式的发展目前已经结束。如果要和他打赌的话，他相信下一代以后的美国人的实际人均GDP增速将不会达到每年2.0%，甚至1.5%或1.0%都不行，而只有0.5%，实现翻番的时间将延长到140年，而非我们所认为的理所当然的35年。

戈登得出这些悲观结论的背后逻辑是什么？他的基本分析思路如下：

> 创新过程是一系列不连续的发明，随后是在此基础上的渐进式改善，最终把初始发明的潜力完全发掘出来。对于前两次工业革命来说，渐进改善的过程持续了至少100年……这其中的许多过程都只能发生一次，最典型的例子包括交通速度的提高、室内温度的调节，以及城市化过程本身……
>
> 经济增长是一次性事件这种看似大胆的创见，在交通速度的提高上表现得再明显不过。直到1830年之前，客运和货运速度都受到“马蹄和船帆”的限制，此后持续提高，直至1958年波音707机型的出现。那之后就没有新的突破了……不管是马匹、厕所、速度还是温度，都可以很清楚地看到这种情形。而一旦我们接受这个现实，本文的主题就显得顺理成章了：经济增长或许不是一个可以永久维持的长期连续过程。

正是在上述背景下，戈登把1870—1970年欧美人的生活水平提高描述为一次性的、不可重复的变革过程，从类似于第三世界那种贫穷和苦役，跨越到今天的繁荣社会。我们现有的困难都属于第一世界才会面临的问题：

> 许多进步到1870年已经实现……水资源和蒸汽的利用……电报……当然，1870年人们生活的大多数方面……还较为黑暗和危险，需要艰辛劳作……黑暗的卧室里烟雾弥漫，没有电力和供热……人们要带着烤火砖上床……没有自来水供应……家庭主妇们必须依靠人力把洗衣、做饭和饮用水提进屋里，再把废水送出去……她们每年要步行148英里，打上35

> 吨水……在城市里，蒸汽动力不太适用，所有物品都要靠马匹来搬运……每匹马每天要产生20—50 磅的粪便和1 加仑的尿液，不受限制地排泄在马厩里或者街道上，相当于每平方英里城区5—10 吨……人们的预期寿命在1870 年只有45 岁……在1900 年，有1.3 万人死于铁路，其中四分之一是铁路公司的雇员……生产率增速……在1970 年后大幅下降……情形日益明朗，我们获得的是一次性改善的收益……以后不会再次发生，收益递减的时代已经到来……

对此种悲观态度的很自然的回应是：我们的生产潜力仍然在增长——依然在进行发明、创新和投资——只是我们把精力投向了生活的其他领域，试图解决此前尚未解决的问题，而不是在已经解决了问题的领域进行有限的改进。抽水马桶能改善到何种地步，空间毕竟有限。但如果能把旧金山到伦敦的旅行时间从8 小时缩短到2 小时，人们又会心甘情愿地付出多高的价格？

罗伯特·戈登认为不是这样，在他看来，第二次工业革命是威力惊人的炸弹，相比起来第三次工业革命只是不起眼的小鞭炮：

> 人们提到第三次工业革命时经常联想到1995 年左右发明的网络和互联网，但实际上早在1960 年，大型电子计算机就已经开始取代日常的重复性办公事务……最早期的计算机与蒸汽机、内燃机和电动机一样，在取代人类劳动方面显示出了多方面的优势，让人们的工作更为轻松、不那么繁琐和重复。计算机在节约劳动力方面的许多作用在那么早之前就已出现，这似乎很让人吃惊……但第三次工业革命的早期阶段与第二次工业革命相比仍显得微不足道……然而，互联网、网络和电子商务的出现带来了改变，生产率增速从1996 年开始复苏，到1999 年，人们已经在到处欢呼“新经济”的到来……我本人属于怀疑派，不相信“新经济”能带来与第二次工业革命等量齐观的影响（Gordon，2000）。又经过12 年后，数据似乎表明我之前的怀疑是有道理的……计算机取代人类劳动的时代已基本结束……过去10 年的关注点并没有集中在节约劳动的创新上，而是不断推出的娱乐和通讯设备，其功能与之前能做的差不多，只是组装得更为小巧和便利而已……

于是，戈登把我们这代人所经历的电子和电信革命对过去、现在和未来的影响当成了无关紧要的花絮：

> 做个思想实验，有助于我们了解第二次工业革命与2002年开始的部分第三次工业革命的相对重要性。假设你需要在A选项和B选项之间做出选择，A选项是保留2002年的电子技术，包括利用有Windows98操作系统的笔记本电脑访问亚马逊网站，可以使用自来水和室内洗手间，但不能使用2002年之后发明的任何新东西。B选项则是保留过去10年发明的任何东西，如Facebook、Twitter网站和iPad平板电脑等，但不能使用自来水和室内洗手间，你必须自己提水进入房间并把废水提出去，即使在雨夜的凌晨3点，你也只能走过湿漉泥泞的道路去室外洗手间。你会选哪个选项呢？我曾在多次演讲中对听众们提出这个假想实验，通常的反应是哄堂大笑，因为A选项是压倒性的。听众们认识到，与过去10年发明的让他们如此依赖的便携式电子设备相比，19世纪后期的众多发明中仅拿一项出来，其重要性就远非后来者可比……

他接下来又指出，在下一代人的时候，我们甚至无法取得过去那代人所经历的计算机化和通讯全球化那样大的成就：

> 如果假设未来的创新能够使人均实际GDP增长率达到2007年之前的20年的平均水平，也就是每年1.8%……那会是不切实际的……因为那意味着在近期将出现下一个重大创新，它对生产率的影响能够同互联网革命相提并论……

总之，把林德赛、科文和戈登的观点综合起来，我们看到的未来是，美国的人均实际GDP增速将下降到每年0.5%，而非2.0%，实现翻番的时间将延长到140年，而非过去的35年。

五、反驳

接下来谈谈我的反驳意见，总共包括八条：

1. 关于在过去一代人出现、并会延续到未来的“大停滞”现象的很多讨论，是把美国社会在收入分配和需求管理方面的失败当成了创新和积累的失败。

2. 推论：就短期而言，对“长期停滞”的担忧要么是完全错误的，要么只是应该关心如何解决动员社会风险承受能力、在产业之间正确配置生产能力、在个人之间正确配置产品的技术治理问题。

3. 对人类自由的更全面和更准确的测度（包括正面和负面）表明，美国的未来比林德赛、科文和戈登等人所描述的情景要光明得多。

4. 实际人均 GDP 是个完全错误的参考指标。

5. 推论：财富和收入的边际效用可能急剧下降的事实，并不是描述经济增长率会减慢，而是说财富的边际效用在减少。

6. 市场仍在继续产生原有的激励，鼓励人们探索如何让今天那些昂贵的产品变得更加便宜、更有效率。

7. 所谓“大停滞”的担忧确有合理性，但这主要是关于制度设计的问题，而不是指创新的枯竭。

8. 目前对“大停滞”的分析成果，在我看来会把人们的注意力带到了错误的方向上，很可能促使大家在惊慌中做出错误的政策决定。如果经过深刻而冷静的思考，我们的选择会有所不同。

下面我将进行更详细地阐述我的观点：

1. 关于在过去一代人出现、并会延续到未来的“大停滞”现象的很多讨论，是把美国社会在收入分配和需求管理方面的失败当成了创新和积累的失败。从泰勒·科文关于大停滞的论述中可以看到这点。如他所言，过去的一代人的确在两方面做得很不好：没有公平地分配经济增长的成果，没有把增长潜力集中在那些有助于提高价值的产业上。然而，这种情况的出现并非必然，而是我们的行动所致，是我们的政治活动做出的选择。在追求公平增长方面，下一代人面临的政治局面有可能和上一代人同样糟糕，但即便如此，其责任并不在老天，而是我们作茧自缚。如果把这当成我们的宿命，归罪于运气，当然是极大的误导。

我们再看布林克·林德赛关于实际 GDP 增长减速的理由：劳动力增速放缓、人力资本投资的能力和意愿变小、储蓄和投资减少，以及全要素生产率下降。提到这些因素对我们的生活水平增速的不利影响时需要注意，前三个是我们自己完全可控的。劳动力投入能保持增长，是因为作为经济增长的一个部分，人们认为参与工作是值得投入时间的有意义的事情。未来的经济增长将使人们认识到，花时间去做某件事情并不是对自己不利。我们曾经做出的选择，增大了今天和未来的年轻人进行人力资本投资的难度，具体来说，就是我们的储蓄和投资太少，消费和浪费太多。然而我们自己能够并应该改变过去的选择。

唯一真正需要担心的影响因素是第四个，创新和技术进步的潜力在下降，这方面不存在明显的改变途径。不过在我看来，并没有太多理由对这个因素持悲观态度。

2. 推论：就短期而言，对“长期停滞”的担忧要么是完全错误的，要么只是应该关心如何解决动员社会风险承受能力、在产业之间正确配置生产能力、在个人之间正确配置产品的技术治理问题。我们未必能接近这些问题，但它们的确是最紧迫的事情。对技术进步长期趋势的学术兴趣不应该对此造成干扰，让我们忽略当前面临的公共政策的现实问题，如重建充分就业、扭转收入和财富分配的无效率和破坏性扩大，以及让医疗管理和金融等过分膨胀的负面产业适度收缩等。

3. 对人类自由的更全面和更准确的测度（包括正面和负面）表明，美国的未来比林德赛、科文和戈登等人所描述的情景要光明得多。经济增长的意义归根到底在于，它是促进我们的物质利益的手段，而非最终目标。人们追求从必然王国走向自由王国，我们想要做自己选择的事情，而非必须做的事情，以便得到自己希望的结果，成为自己理想中的人。从这个视角来看，亚伯拉罕·林肯、马丁·路德·金和格洛里亚·施泰内姆（Gloria Steinem）在经济增长历史上的作用，至少和安德鲁·卡内基、约翰·洛克菲勒以及比尔·盖茨同样重要。简单分析一下美国今天的职业、教育和财富分布情况，我们很快就能发现，消除歧视仍然可以带来很多现成的发展果实。面临第一世界的问题的我们，在很大程度上已经得益于经济增长、从毕生的枯燥而繁重的劳动中解放了出来。但除非你认为我们已经处于天堂的入口，否则，物质利益的促进依然有一多半尚未完成。打破必然王国的锁链，只是把我们带到了自由王国的边境上，前方的路还长。

4. 实际人均 GDP 是个完全错误的参考指标。实际 GDP 测算的是我们制造的产品值多少钱，也就是说，如果所有产品都能以当前市场价卖出去，总共的价值为几何。我们之所以要测算实际 GDP，是因为在柯林·克拉克和西蒙·库兹涅茨那个时代，他们试图从公开发表的信息中较为准确地估算经济活动的总量，结果实际 GDP 是他们能得到的最好的指标。但这个指标并不是我们真正需要的。

我们目前真正感兴趣的是物质福利水平：人们有哪些需要，这些需要是否得到了满足。我们对物质生产感兴趣，是因为它是实现人们的快乐生活的跳板：人们需要花费多少时间来获取足够的食物，使其摆脱饥饿威胁；需要花费多少时间来建造坚固的住房，使其免受日晒雨淋；需要花费多少时间来织造合身的衣服，使其不为严寒所困？超出一定数量和质量的生存必需品之外的剩余产品，能否让人们自由选择，过上自己心仪的生活方式？要衡量人们的物质福利满足度，必须对上述问题给出回答，而实际 GDP 的指标显然无法做到。

我们应该弄清楚的，其实不是我们生产的产品在市场上价值多少，而是我们获得的剩余价值有多少？也就是说，扣除生产所实际花费的时间、精力和单调繁重的劳作之后，我们从成果中获得的增值部分有多少？然而，GDP 所测算的只是各种产品的总成本或者市场价值。

这就是问题所在。

可是在很多场合，要想看清这个问题其实是非常困难的。对个人而言，从某个财物中能获取的剩余往往是指在市场上能卖出多高价钱，也就是其获取成本。虽然对于个人层面来说这个说法的确成立，但对整个经济体的层面却不然。

早在 18 世纪，就出现过类似的“钻石与水的悖论”：水很廉价，但如果离开那些给我们供水的人，所有人都将渴死；钻石很昂贵，但如果没有人继续给我们供应钻石，我们却完全可以转用其他宝石来替代作为装饰和炫耀。对当时的人们来说这个悖论更为迷惑，因为对个人而言，从一件物品中获得的最大的剩余价值往往不是来自消费，而是用市场价销售出去，其售价就等于剩余价值，或者与剩余价值有关。而我们今天至少可以比较清晰地看到问题所在：GDP 统计并不能估算出剩余价值的大小。

此外，对实际 GDP 的强调暗含着非常古怪而且完全错误的价值判断。实际 GDP 的统计假设，一个连续三代人都没有从事任何有意义的工作、靠继承为生的懒惰家庭所获得的 1 美元边际收入，与处于贫困线上的辛勤劳作的家庭所获得的 1 美元边际收入是等值的。我们当然不相信这样的假设，也不会接受此类假设，我们不会这样判断事物和人的价值。

只要实际 GDP 的增长不伴随着收入分配的巨大变化，我们还是可以用实际 GDP 的变化作为更广泛的对人类快乐和福利的测算的替代指标。不过，我们不能因为某项造成收入分配扩大的政策提高了实际 GDP，就证明其合理性。我们也不能认为，扩大富人权益、对实际 GDP 促进作用较大的政策，就会优于扩大穷人权益、对实际 GDP 促进作用较小的政策。只要消费者和用户获得的剩余与 GDP 所测算的成本之间维持着较为固定的关系，我们依然可以利用 GDP 的变化来大致估算剩余价值的变化。

但这里的第一个问题在于，过去一代人经历了收入不平等状况的巨大改变。第二个问题在于，随着美国经济中各种信息产品比重的增加，剩余价值与成本价值之间的稳定关系显然受到了冲击。因此，有关实际 GDP 增速改变的所有讨论，都需要考虑更多的细节：必须高度注意，实际 GDP 增速如果伴随着收入分配差距的重大变化，将深刻影响一定数量的产品如何转化为人们的物质福利；还必须高度注意，影响人们物质福利的剩余价值与实际 GDP 代表的成本价值的关系在发生变化。例如，亨利·福特的汽车公司的价值链对实际 GDP 的贡献，大约只相当于汽车用户们获得的最终价值的一半；而谷歌公司的价值链对实际 GDP 的贡献，或许只相当于互联网用户们获得的最终价值的十分之一。至少在我看来，现成的发展果实还广泛存在。

5. 推论：财富和收入的边际效用可能急剧下降的事实，并不是描述经济增长率会减慢，而是说财富的边际效用在减少。罗伯特·戈登询问他的听众们，是愿意放弃谷歌，还是愿意放弃冲水马桶，然后得出结论说，第三次工业革命对物质福利的影响与第二次工业革命完全不能等量齐观。这样的比喻似是而非。然而即使戈登的思想实验没有问题，我依然认为，有必要把效用和经济增长速度这两种概念区分开来。经济增长在我看来完全是指如何用更少的时间和资源来做出已有的产品，以及发明新的有用的产品。只要稀缺性依然存在，只要任何物品还有价格，我们生产和使用的产品的实际价格下降其实就代表经济增长。我们需要某种物品，这种物品存在稀缺性，我们找到了成本更低的生产方法，可以把节约下来的资源用来做其他事情，这个过程就是经济增长。我们今天很难想象，生活中可以离开某些极其廉价的物品——廉价到我们的需求已经绝对饱和，例如人们很少需要在房子里设置多余的洗手间——这并代表经济增长潜力减慢的判断，而只是对某种心理状态的陈述。至少我是这样认为的。

6. 市场仍在继续产生原有的激励，鼓励人们探索如何让今天那些昂贵的产品变得更加便宜、更有效率。我们测算的人均实际经济增长率达到每年 2%，那其实是表示：（a）我们今年能够以比去年少 2% 的资源来生产同等价值的产品；（b）我们生产所花费的成本与我们得到的价值之间的剩余差额没有什么改变。这就是每年 2% 的经济增长率的含义。市场经济由此给经济增长提供了强大的激励：找到更廉价地生产人们需要的物品的方法，并由此致富。

我们购买的物品变得更为便宜，使我们在愿意的时候可以购买更多数量。除此之外，我们的物质福利还受到其他两方面因素的促进：首先，新商品和新型号的发明能帮助我们发现自己的潜在需要；其次，我们可能发现自己需要的某些物品可以免费获得，或者更普遍的情形是，从产品中获取的价值与其购买成本之间的剩余价值扩大。相反，交通拥堵、安全度下降和污染等负面外部性，虽然没有进入实际 GDP 测算，却会导致我们的物质福利水平下降。

这里的要点是，使生产效率提高、使产品更为廉价，将促进实际 GDP 增长。某种产品在我们的购买花费中所占比重越大，其生产效率的改进对人均实际 GDP 的推动就越显著。在今天的市场经济中，有很多投资是用于改进那些相对价格较高的产品的生产效率，以部分消除其价格优势。这样的激励机制会很自然地把创新活动引向最有助于经济增长的地方。例如，现在很少有人愿意关注如何改进抽水马桶的技术，或者愿意花费很大部分收入来改进自家的洗手间了。

在技术上最有吸引力的产品，未必就是对人们的物质福利最有促进的产品。

如果不只是着眼于重大创新，而是关注持续性的改进，不只是去看作为美国象征的汽车的发明，而是想想我们愿意多花 100 美元去购买重量只有去年一半的 iPad 平板电脑，那么，罗伯特·戈登关于第二次工业革命的伟大时代走向终结所导致的许多忧虑，就显得不那么严重了。

泰勒·科文也表达过这样的乐观情绪：

> 在通常情况下，我每天要发两条推特，读 20 篇博客，看几则电影评论，浏览一番 eBay 网站，在 YouTube 上看克拉伦斯·怀特（Clarence White）演奏吉他……我对这整段时光都充满兴趣，感到享受。我的经济学家同行们已经使用了多少代人的“生产”这个术语，越来越靠近人们的内心……网络上的任何一个部分似乎都不是特别重要，但组合在一起却给我们带来了丰富的乐趣、情感和悬疑……这种新型的现成果实存在于我们的内心和我们的电脑里……创新并未停止，而是采取了新的形式，进入了我们未曾充分预料的领域。然而我们还停留在过去的规划和制度之中，以为今天的创新还是和过去一样……

7. 所谓“大停滞”的担忧确有合理性，但这主要是关于制度设计的问题，而不是指创新的枯竭。这里涉及我思考的核心议题。我们在未来将把更大比例的收入和注意力投入市场机制运行不那么理想的领域：信息产品、公共产品、收益递增的产品、养老金、医疗和教育等。这些领域的市场运行情况不佳，然而我们选择的集体组织模式又带有一定的官僚主义，同样没有产生良好的结果。因此我的推测是：要想在长期保持稳定的经济增长步伐，面临的最大问题并非创新枯竭，而是制度设计。

8. 关注实际 GDP 的增长及其可能出现的放缓前景，会让我们在政策决策中陷入恐慌，造成并不真正想要的结果。目前对于“大停滞”的分析成果，在我看来把人们的注意力带到了错误的方向上，很可能促使大家在惊慌中做出错误的政策决定。如果经过深刻而冷静的思考，我们的选择会有所不同。其推导逻辑是，减少收入差距的措施会以降低经济增长率为代价，如果用阿瑟·奥肯的《公平与效率的重大权衡》一书中的理论术语来说，就是再分配的“漏桶”效应，经济增长率降低会使再分配的成本过高。不过在我看来，借用这一理论容易造成误导：有关再分配的渗漏效应缺乏充分证据，或者说，再分配的桶有很多种，有的渗漏很多，有的渗漏较少，有的没有渗漏或者有反渗漏效应。而且，当我们需要在增长潜力与其他目标之间进行权衡取舍的时候，往往与增长速度的快慢无关。在人均 GDP 基础增速为 3% 时能发挥作用的政策，在人均 GDP 基础增速为 1% 时或许同样能发挥作用，而不能发挥作用的政策在两种增速情形下或许也都无效。

当然我这里的目的仅仅是提醒大家：避免陷入争论的泥淖。

六、结论

我们最后能得出怎样的结论？不管你怎么看，我依然认为美国的实际人均 GDP 增长率将会维持每年 1.7% 的趋势，比过去有所下降，主要是因为劳动力在总人口中所占比重的增速下降，但这并不是什么值得令人担忧的事情。同时由于我对未来的政治前景感到乐观，这个增长速度还可能得到加分，例如，收入分配会有改善，信息产品会导致产品价值超出成本的剩余价值增加，政治活动会把资源从负面价值的产业转向正面价值的产业等。因此，1.7% 的人均 GDP 增长率意味着，欧美国家的物质福利水平如果能得到正确测量，会达到 3% 的年增长率。

在这方面，我赞同保罗·克鲁格曼的技术进步乐观主义：

技术进步乐观主义的例子有：某些迹象表明，人们混淆了关于长期停滞的争论与关于技术停滞的争论，但它们并不是同一件事情，这点很重要。罗伯特·戈登的预测是指供给方的表现令人失望；而拉里·萨默斯和我所说的，则是需求方面临着持续的缺口。戈登理解的世界当然也可能存在投资需求不足，因为投资需求更多取决于实际 GDP 的增长率而非绝对水平。不过，它们依然是截然不同的理论。

戈登认为快速技术进步的美好时光已成为过去，我对此怎么看呢？诚实的答案是我并不知道，甚至也很难做出合理的猜测。

我能够说的是，直觉表明，即使戈登对接下来一二十年的预测正确，从更长时期来看他很可能完全错误。这可能不只是直觉，我知道从生产率数据上还没有突出表现，但任何跟踪技术进步的人都有这样的强烈感觉，即过去几年发生了某些重大变革，某些原来看似难以破解的难题——如语音识别、翻译、自动驾驶汽车等——都突然有了解决的希望。整体来说，智能设备在各个方面与自然环境的相互交流做得越来越好。这意味着给我们生活带来真正跃迁的天网（Skynet）或许已不再遥远，即使不能在最近 10 年、也肯定会在一代人的时间内实现。

那么，我知道些什么呢？布林约尔松（Brynjolfsson）和麦卡菲（McAfee）出了新书，以大量的分析和案例对此进行了展望。我本人还在努力，目前已有了一些草稿。

剩下的大问题就是技术进步的成果将如何分配。我认为在预测未来的时候也必须把此类问题包括进来。我很欣赏戈登的研究，但他所研究的技术都是来自过去的经验趋势的推导，在可能出现重大转折点的时候，这种做法就不太适合了。

曼德拉身后的南非

从自由路到致富路

张春霖

自2009年11月底离开北京，我在世界银行驻南非办公室工作已经4年。世界银行的宗旨是帮助发展中国家消除贫困，在南非也是如此。因此，在南非工作4年，思考和讨论最多的议题之一，就是南非如何实现有利于穷人的（pro-poor）、包容式（inclusive）的、更快速的经济增长。纳尔逊·曼德拉的逝世和整个世界对他的哀悼，促使我从曼德拉的角度去思考这一问题。这篇短文意在与国内同行分享我的思考所得，同时也算是一个从中国到南非工作的经济学者对这位受到世人爱戴的世纪伟人的一份悼念。

曼德拉是一位自由战士。他一生理想的经典表达是他1964年4月20日在法庭上的宣言："我为推翻白人统治而战，也为推翻黑人统治而战。我崇尚所有人都和谐相处、都拥有平等的机会的民主和自由的社会。我希望为实现这一理想而生活。但是如果需要，我也准备为之付出生命。"以1994年新南非"彩虹之国"的建立为标志，他的这个理想可以说已经实现了。1994年以后的南非是一个消灭了种族歧视的民主和自由的社会。历史上遭受压迫和歧视的黑人大众获得了政治自由，各种族之间基本实现了和谐相处。

从经济的角度看，历史上受歧视的黑人大众的生活水平也有了很大提高。目前南非1/4以上的人口享受政府的各种补贴和救济。从1994年开始到2008年，政府为大约600万家庭（南非全国人口约5200万）提供了住房。通电的人口比例由1996年的58%提高到2008年的80%，200米之内有饮用水源的人口由 62% 提高到 88%①。人均 GDP 增长速度 1994 年之前 10 年为负增长，1994—1999 年提高到 0.4%，2000—2004 年进一步提高到 1.5%。在全球金融危机之前的 2004—2008 年达到 3.7%。危机之后，2010 年恢复到 1.9%，2011 年达到 2.3%，2012 年回落到 1.5%②。

但是，从总体上看，历史上受歧视的黑人大众除了政、商、学界少数精英外，多数人的经济状况还没有根本改善。他们的今天有些类似于中国的 60 年代，虽然已经"站起来"了，但还远没有"富起来"，而且致富之路究竟怎么走，全国上下似乎还没有形成共识。

南非的人均 GDP 高出中国很多（表 1）。说南非"还没有富起来"，主要指的是历史上受歧视、1994 年获得解放的黑人大众。南非人均收入很高，却是世界上贫富最悬殊的国家之一，基尼系数高达 0.7。尽管政府提供了大规模的社会福利和救助，2010 年，南非全国仍有 34.5% 的人口生活在每月 422 兰特（2009 年价格，约合 300 元人民币）的贫困线以下③。根据 OECD 的一项研究（表 2），2008 年南非的收入分配格局是，收入最高的 10% 的人口占总收入的份额高达 58.1%，而收入最低的 50% 的人口仅获得总收入的 8%。尤其令人不安的是，从 1993 年到 2008 年，收入分配的基本格局几乎没有什么变化。

表 1　中国和南非的人均 GDP，2009—2012 年　（单位：现价美元）

年份	2009	2010	2011	2012
中国	3749	4433	5447	6091
南非	5758	7266	7943	7508

资料来源：世界银行，http://data.worldbank.org/indicator/NY.GDP.PCAP.CD/countries?display=default

面对这样的现实，曼德拉的在天之灵恐怕很难安息。当年曼德拉领导的非洲人国民大会（非国大）接管政权时曾经给人民承诺，要让"每个人都生活得更好"（"better life for all"）。现在，非国大管理国家已近 20 年。看来，走完了"漫漫自由路④"的曼德拉的同志和同胞，还有一条"漫漫致富路"要走。

① 南非总统府，Development Indicators：the Presidency，October 2009。

② World Bank，*World Development Indicators*.

③ World Bank，Country Partnership Strategy for the Republic of South Africa，2013.

④ 曼德拉自传书名为"漫漫自由路"（Long Walk to Freedom）。

表 2　南非的收入分配：人口十等分后每 10%的人口在总收入中的份额，1993—2008 年

十等分	1993	2000	2008
1	0. 27	0. 44	0. 40
2	1. 03	1. 07	1. 01
3	1. 66	1. 56	1. 52
4	2. 21	2. 15	2. 08
5	3. 15	2. 95	2. 78
6	4. 33	3. 96	3. 65
7	6. 16	5. 61	5. 35
8	9. 61	8. 76	8. 56
9	17. 69	16. 79	16. 57
10	53. 89	56. 71	58. 07

资料来源：Leibbrandt, M. *et al.* (2010), "Trends in South African Income Distribution and Poverty since the Fall of Apartheid", *OECD Social , Employment and Migration Working Papers* , No. 101, OECD Publishing. Table A 3. 3

南非的贫困和收入不平等问题，基本是一个失业问题。南非官方窄口径的失业率（不包括已经停止找工作的失业者，即所谓"discouraged"）大致在25%左右。如图 1 的数据所示，失业最严重的人群也正是收入最低的人群。其

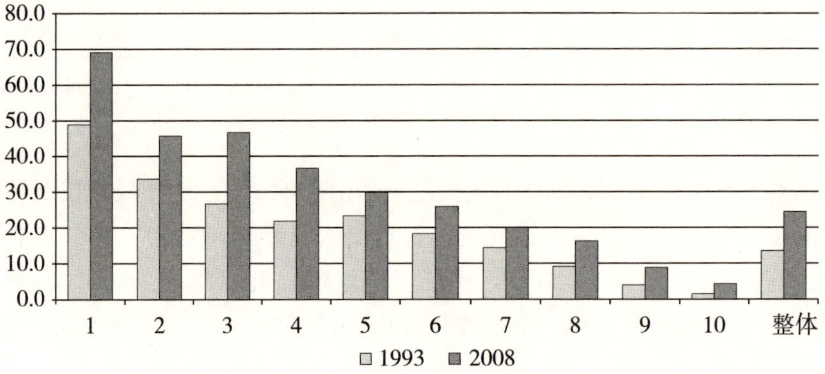

图 1　南非人口十等分后每 10%的人口中的失业率，1993—2008 年

资料来源：Leibbrandt, M. *et al.* (2010), "Trends in South African Income Distribution and Poverty since the Fall of Apartheid", *OECD Social*, *Employment and Migration Working Papers*, No. 101, OECD Publishing，表 2. 5

中收入最低的30%的人口中的失业率高达40%—70%。因此，解决贫困和不平等问题的根本途径，是为低技能劳动力创造就业岗位。但由于南非的经济结构的特点，就业岗位的创造是一个极其严峻的挑战。

曼德拉出狱后，南非曾一度濒临内战深渊。曼德拉挽狂澜于既倒，极力促成民族和解，使他的祖国免于内战之灾。但与此同时，民族和解也意味着种族隔离制度下形成的经济结构得以保留和延续。曼德拉和非国大本来计划在掌握政权后实行国有化，但在1992年1月曼德拉参加达沃斯会议后放弃了国有化政策。据当时随同曼德拉参会的中央银行行长回忆①，曼德拉是在与中国和越南的参会代表交流之后改变主意的。由于所有制结构没有改变，种族隔离结束近20年之后，今天南非的经济结构仍然是一种独特的“二元结构”，几乎可以称为“一个国家，两个经济”。南非经济中高度发达的部分或“第一经济”的主体是在种族隔离时代形成的四个主要经济部门：大农场、矿业、与矿业相关的制造业以及金融业。这些部门的企业多是白人创办和拥有的大公司。由于在种族隔离时代遭受国际制裁，这些大公司具有很高的纵向一体化程度，在国内市场居于支配地位，给新的经济成分留下的发展空间极其有限。与之并存的是所谓“第二经济”，即以被解放的黑人大众为主体的经济成分，包括微型和中小型企业以及家庭农业，分布在农村、小城市、市镇（townships）和“棚户区”（informal settlements）。在两者之间，是政、商、学界的少数黑人精英，他们正在形成一个新的中产阶级，加入“第一经济”，其中不少人已经成功暴富。

从产业结构看，南非经济的主体部分是服务业。2012年，服务业在GDP中的份额为69%，制造业占12.4%，农业占2.6%②。服务业在经济中占如此高的比重，似乎是中国经济求之不得的结构。但在南非，这主要不是因为服务业很发达，而是因为农业和制造业发展缓慢。服务业中吸纳就业最多的部分是包括了各类小商小贩在内的零售业，以及因高犯罪率而畸形发展的保安服务。服务业中的另一个增长迅速但吸纳就业很有限的部分是在很大程度上与实体经

---

① Andrew Ross Sorkin, “How Mandela Shifted Views on Freedom of Markets”. December 9, 2013. http://dealbook.nytimes.com/2013/12/09/how-mandela-shifted-views-on-freedom-of-markets/?_r=0.

② World Bank, Country Partnership Strategy for the Republic of South Africa, 2013。其余为采矿业和建筑业。

济脱节而“自我发财”的金融保险业。

南非的农业1994年以后经历了重大的结构性调整。由于大量黑人农工离开，白人农场普遍提高了机械化程度和资本密集程度。2008年与1995相比，南非农业的增加值提高了66%，就业人数却减少了59.4万人，抵消了同期其他行业新增就业岗位的14%①。农业就业的大幅下降是南非失业问题严重的一个重要原因。本来，新政府的计划是政府出资购买白人拥有的一部分土地分配给黑人农民。但这一计划因种种原因进展甚微。少数获得土地的黑人农民在经营家庭农场的过程中也遇到重重困难。在中国以及很多其他发展中国家，无力在城市非农产业中就业的农村剩余劳动力通常被迫留在土地上勉强维持低收入的生活。对南非的多数农村剩余劳动力来说，经济结构没有给他们留出这样的选项。

但制造业的发展缓慢更集中地反映了南非经济的致命弱点。1995—2008年，制造业对经济增长的贡献大约为16%，远低于服务业（74%）。制造业新增就业仅占各行业新增就业总数的6.5%②。1994年南非矿产品以外的出口在国际市场的份额为0.14%，到1998年下降到0.04%左右，之后一直在0.02%—0.04%之间徘徊③。制造业增长乏力的一个主要原因是缺乏竞争力，尤其是在来自中国和东亚的廉价制成品面前缺乏竞争力。而竞争力缺乏的原因除了基础设施的成本和与欧美市场的运输距离，主要就是劳动力成本过高。劳动力成本的背后，一个因素是生活成本。如果用购买力平价来剔除生活成本因素，南非劳动力成本与中国的差距大约可缩小30%—40%。劳动力高成本的另一个重要因素是劳动力市场受到严格的劳动法规的管制，竞争非常不充分，以至于大量失业人口的存在未能对工资增长起到抑制作用。

由于劳动力成本过高，南非近20年来的经济发展走的是一条与其比较优势背道而驰的路径。本来，南非经济中供给最充裕是的低技能劳动力，最短缺的是高技能劳动力和资本。南非的储蓄率大致在15%上下，远远低于中国30%—40%的水平。但过去近20年来南非经济发展的总趋势是资本密集程度和技术密集程度不断提高。总体来看，企业是在用高投资支持劳动生产率提高，以抵消高工资的影响，争取在国际市场保持一定竞争力。

---

① Haroon Bhorat and Natasha Mayet, “Labour Demand Trends and the Determinants of Unemployment in South Africa”, May 2010.

② 根据Statistics South Africa数据计算。

③ 根据UN Comtrade数据计算。

南非的劳动力市场管制饱受争议，但有其历史渊源。在种族隔离时代，黑人劳动者的权益几乎没有任何保障。在反种族隔离斗争中，势力强大的工会以及南非共产党是非国大的重要同盟军。非国大接管政权后，一直保持着与工会和共产党“三位一体”的同盟关系。对劳动力市场的管制被普遍认为是保护劳动者合法权益不可或缺的手段，其合法性植根于南非的新宪法，有广泛的社会基础。南非的工会也比较“好斗”（militant），动辄发动罢工要求增加工资。由此产生的不确定性和不安全感，也构成了企业劳动力成本的重要部分。近年来南非财政部提出给那些愿意雇佣青年失业工人的企业发放一定补贴，以缓解失业问题。这在很多人看来已经是十分温和的改革措施，也遭到代表在业工人利益的工会和其他政治势力的强烈反对而难以实施。

在劳动力成本无法降低的情况下，南非的另一选项是通过教育和技能开发来提高工人的劳动生产率，以便在国际市场形成竞争优势。但这恰恰是南非经济面对的最严峻的挑战。其原因有二。

首先是历史原因。在种族隔离制度之前，黑人大众已经经受了长期的白人殖民统治。在种族隔离制度下，黑人大众在经济上贫困、政治上受压迫的同时，教育方面也遭到精心设计的歧视。种族隔离政府明确宣称服务于黑人大众的教育（称为“Bantu education”）主要目的就是培训仆役。因此，他们“没有必要”学习数学和科学。黑人大众当然也不允许经营任何企业。其结果是，种族隔离制度不仅给南非留下了财富占有和收入的极度不平等，而且留下了知识和技能（包括经营企业的知识和技能）的极度不平等。政治革命可以在短时间内实现财富和收入的再分配，却无法对知识和技能进行再分配。刚刚被解放的黑人大众只能带着自己仅有的知识和技能匆匆加入市场竞争。在全球经济高度一体化的情况下，他们实际上面临的是来自其他国家低技能劳动力（如中国的农民工）的竞争。

唯一的出路当然是尽快提高历史上受歧视的黑人大众的知识和技能水平。但遗憾的是，这恰好是非国大执政近 20 年来工作最不成功的一个领域。图 2 的数据从一个角度反映了整体图景。如图 2 所示，南非高等院校理工科学生不仅入学人数增长缓慢，而且入学的学生大多数不能毕业。其原因有的是由于家庭经济需要而提前退学，更多的则是因小学和中学阶段基础不足而跟不上大学课程，达不到毕业要求。南非政府和社会都为教育发展的滞后而心焦，但所采取的措施还没有显现明显的成效。

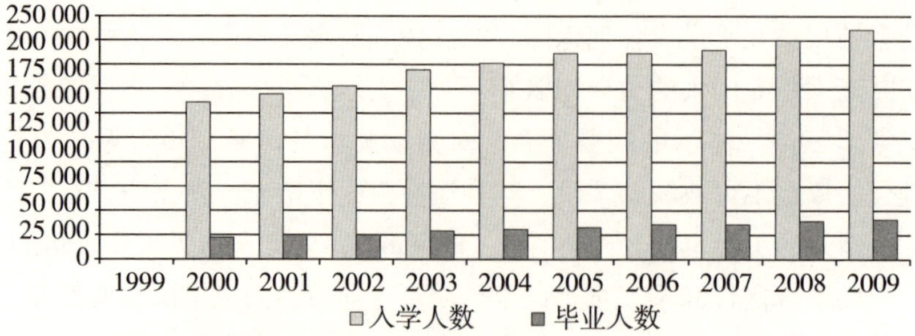

图 2　南非高校理工科入学人数和毕业人数，2000—2009 年

资料来源：South Africa Education Management Information System

从发展前景看，南非要消除贫困，使历史上受压迫的黑人大众走上致富之路，其低技能劳动密集型产业必须在国际市场形成一定的竞争力，因为南非的国内市场相对狭小，很难形成有效率的分工，获取规模经济的效益。但要形成国际竞争力，在劳动力成本无法降低的情况下，基本的出路只有一条，就是通过教育和技能开发提高工人的劳动生产率。

但这是一条漫长的道路，即使现在实施正确的改革战略，见到实效也要很长时间。在此期间，南非面临着另外两条可能的道路。第一条道路是保持"第一经济"的增长，通过高税收、高福利来补贴和救济低收入人群，维持社会和谐。第二条道路是南非的左翼政治势力正在鼓动的道路，就是对矿山和银行等经济部门实行国有化，"劫富济贫"。第二条道路极具诱惑力，但显然是通向共同贫穷之路。第一条道路也不是一条可持续的道路，因为南非的低储蓄率和高技能劳动力的供给很难长期支持一个资本密集型、技术密集型的发展模式。

因此，在曼德拉的领导下获得解放的南非黑人大众以及他们的政治领袖不仅需要继承曼德拉的坚定和执着，更需要继承他的坚韧、耐心和宽容博爱之心，因为致富之路虽不需身陷囹圄或流血牺牲，但其艰难曲折程度恐怕不亚于自由之路。回望我们中国人走过的道路，1979 年在邓小平的引领下终于找到"致富路"之前，我们经历了一百年的战乱，30 年的摸索、徘徊和"折腾"。今天的世界已经大不相同，唯望在曼德拉领导下获得自由的南非人民的致富之路能够走得更顺利些，以告慰他的英灵。

法和经济学

Law and Economics

Comparative

竞争政策与自然垄断行业的价格管制 信息、激励与治理

德里克·莫里斯

编者按：十八届三中全会的决议指出，要让市场在资源配置中发挥决定性作用，保证国有和私营部门公平有效的竞争环境。国际经验表明，竞争政策在确保公平有效的竞争环境方面发挥着至关重要的作用。为此，北京凯恩克劳斯经济研究基金会发起了一项关于强化中国市场竞争的中外合作政策研究课题，旨在从国际视角为如何强化中国的市场竞争提出建议。曾任英国竞争委员会主席、牛津大学奥里尔学院教务长、牛津大学经济系教授和副主任的德里克·莫里斯爵士是这一项目的重要参与者。为配合这一研究项目的开展，北京凯恩克劳斯经济研究基金会的系列“名人演讲”① 活动邀请德里克·莫里斯爵士在对外经贸大学竞争法研究中心以“竞争政策与自然垄断行业的价格管制：信息、激励与治理”为题发表了演讲。《比较》特刊发这一演讲，以期激发对中国竞争政策的更多兴趣和研究。

---

* Derek Morris 爵士是前沿经济事务所（Frontier Economics）的高级合伙人，该事务所位于伦敦，是一家专长于竞争、监管和其他公共政策问题的经济咨询公司。莫瑞斯爵士于 1997 年至 2004 年担任英国竞争委员会主席（前垄断和合并委员会），此前曾任委员会成员和副主席。从 2004 年至今年年初，莫瑞斯爵士担任牛津大学奥里尔学院（Oriel College）教务长。

① 北京凯恩克劳斯经济研究基金会组织系列“名人演讲”的目的是，将现代经济学理论和政策研究中国际上的最新进展和争论引入中国，同时将中国的经济和政策思考传达给西方听众。之前受邀的嘉宾有：2010 年为保罗·罗默（演讲题目为 The Economics of Ideas，在北京大学光华管理学院）、2011 年为诺贝尔经济学奖得主迈克尔·斯宾塞（演讲题目为 Structural，Competitiveness and Employment Problems in the Advanced Countries：Diagnosis and Response，在清华大学经济管理学院），2012 年为吴敬琏教授（演讲题目为 Challenges in China's Economic Policy and System Reform，在英国皇家国际事务所和牛津大学）。

一、引言

我非常感谢林至人先生，感谢北京凯恩克劳斯经济研究基金会（简称凯恩克劳斯基金会）、国务院反垄断委员会专家咨询组及对外经济贸易大学竞争法中心邀请我来做今年的“凯恩克劳斯基金会名人演讲”。自阿莱克·凯恩克劳斯爵士担任英国政府首席经济顾问及后来到牛津大学期间我俩就已经相熟了。作为经济界著名的学者，他几乎是英国唯一一个很早就预见到中国经济重要性的人。凯恩克劳斯爵士高瞻远瞩地在牛津大学开设了一个“经济培训项目”，参加培训的是毕业于经济学专业的中国青年优秀经济工作者。这个项目当年的负责人就是林至人先生。我本人很荣幸以研究工作指导人员的身份参与了这个项目。也正是这个经历，使我有缘参与中国 90 年代国有企业改革的研究，研究工作因我被任命为英国垄断与合并委员会主席而停止。该委员会后来改为“竞争委员会”，今年（即 2013 年）又更名为“竞争与市场管理局”。

正是由于以上经历，我现在与中、英、美三国学者一起参与由凯恩克劳斯基金会开展的一项中外合作研究课题，研究中国目前新兴的竞争政策体制，分析取得的成功以及面临的问题，并在此基础上，运用西方国家的相关经验尝试甄别中国未来发展强大而有效的市场可能面临的障碍。就像许多人认为的以及十八届三中全会决定中强调的，竞争政策是中国社会主义市场经济发展的关键因素，也是中国向高收入经济体转型的政府规划的关键所在，更是中国“十二五”规划勾勒的深化改革和推动消费支出实现经济再平衡的关键。尽管这项研究基于凯恩克劳斯基金会之前的研究以及众多中国经济学家所做的广泛深入的研究，但目前仍处于初级阶段。对于一些制约市场经济对中国经济增速做出贡献的因素，很难找到简单的解决方法。所以，关于那个题目的演讲只能留待明年的合适时机了。

当前，一个直接且广为人知的情况就是中国政府部门将不同产业分类为“战略型”、“支柱型”以及“自然垄断”。这种分类出于不同的原因，在不同程度上既没有设想也没有意图让这些产业向全面的市场竞争放开。因此中国的竞争政策面临一个无可回避而必须加以考量的难题，即多大程度的产业保护才是恰当的。如果在高收入经济体适用这种分类，符合分类的企业肯定比中国目前分类中的企业少得多。但是从定义上看，自然垄断产业不受任何常规上市场竞争的约束。通过对自然垄断产业——主要是基础公共服务、通信和交通等依赖网络的产业——进行定价以实现经济影响的最优化绝非易事。据我了解，为了解决这一问题，中国在成本、需求和产业政策方面进行了广泛的改革，包括调整产业结构、制定价格上限以及指导地方定价等。其实自然垄断产业的定价问题并不是中国独有的问题，而是一个国际性的难题。

作为一个研究中国经济已有 25 年的英国经济学者，我并不完全认为英国在这方面的经验对中国经济发展的进程和方向有着很重要的借鉴意义。但是，在两个领域里，我认为英国的经验值得中国学界思考：一是通过国有制执行积极产业政策的作用与局限，这也是我参与的凯恩克劳斯基金会的项目必然涉及的一部分议题；另一个就是今天的主题：自然垄断产业的价格规制问题。这涉及英国这些年来的波折经历。我相信一些正在显现的结论对于中国当今面临的问题是有意义，也是重要的。

在处理自然垄断问题时也许会碰到竞争政策的对立极。这两者之间其实有两个非常紧密的联系点。第一，我今天要谈到的英国竞争制度的基准只有在竞争性的市场结果有可能出现的情况下，才能实现经济福利的最大化。第二，英国竞争委员会是处理行业监管者与被监管企业之间纠纷的最终裁决机构，我曾在该机构任主席八年。因此，我不仅有机会近距离观察英国监管制度的发展变化，而且也积极参与了根据竞争性结果这一基准来执行这一制度的过程。我们的职责就是通过规制并购和干预非完全竞争市场，在其他经济领域内也实施这一监管制度。

接下来，我将从英国市场发展的一些历史背景开始今天的演说。

二、简要的历史回顾

20 世纪 70 年代和 80 年代初的英国经济有个著名的绰号——“欧洲病人”。当时英国经济的表现，无论是增长和生产率，还是就业和创新成果的商业化，这一绰号都名至实归。虽然在理论研究上并没有得到确证，但人们常常将英国萎靡不振的经济归咎于当时国有自然垄断企业的羸弱表现。当时的国有企业涵盖了绝大多数公用事业部门、主要的运输产业（公交和铁路）、电信以及一些潜在的竞争产业，比如钢铁和汽车产业（当时在国际上这些早已是竞争产业）。无论上述指责正确与否，英国政府在 1983 年决定改变这一状况，首当其冲的变化就是对英国电信公司进行私有化。如今回头看来，英国政府的这一决定可能略显仓促：早先的选举中完全没有提到私有化政策；明确的反对意见是这一做法将产生私有部门垄断，而这个意见在当时也没有得到重视。

当时英国自然垄断企业的定价措施与我所了解的当今中国类似企业所采取的定价措施大同小异。首先，虽然价格经常变化，但并没有确定定价的时间点；其次，价格通常由以下四个因素决定，即生产成本、物价上涨的平均水平、政府应对通货膨胀的立场以及对基础产品和服务的补贴。显然，企业私有化之后，上述因素对定价的影响将变得微乎其微。

之后，一个新的监管体制产生了。这一体制主要源于斯蒂芬·理特查尔德教授（Stephen Little child）的经济理论，其核心内容与今天的RPI-X机制颇为相似。这种机制允许价格每年以一个特定比例——X%增长，这个比例小于零售价格指数的上涨。(题外话：垄断与合并委员会曾在一次反垄断调查中运用上述机制，斯蒂芬·理特查尔德教授曾是垄断与合并委员会的成员之一。)

首先要说明两点。第一，美国多年来对这些产业进行价格管控时使用的方法几乎完全避开了国有制。其实施方法是给垄断产业设定严格的资本收益率上限。但是，理特查尔德教授反对使用这种方法，他更倾向于采纳RPI-X机制。原因有二：其一，美国的方法可能引起过度投资（由于资本收益率设定了上限，为了实现利润最大化，企业会增加资本投入），并且这种投资会超出最优规模；其二，这种方式弱化了企业提高效率的激励——为了获取上限水平的资本回报率，厂商可能通过刻意提高价格化解原本可能降低利润的成本。相反，RPI－X机制能够激励效率提升，原因是成本降低带来的收益对监管期间的价格不产生影响，因此直接转化为更高的利润。这一点现在看来并不难理解，但是美国的监管历史证明，即便是一个完全致力于发展私有市场资本主义的经济体，激励政策也可能出错。第二，理特查尔德教授曾明确表示RPI-X机制是一个权宜之计，直至电信产业完全引入积极的市场竞争，而这个过程依照理特查尔德教授当时的设想，并不会很漫长。

但是，正如我们现在了解的，理特查尔德教授当初的设想与现实情况大相径庭，差别表现在三个方面。第一，英国电信产业出现竞争的时间比预料的晚许多。私有化进程开始17年后，英国电信公司仍然占据固定电话市场80%以上的份额。第二，RPI-X机制并非权宜之计，而是逐渐完善成为一种全新的监管体制的核心内容。此后的10年内（见图1），RPI-X机制成为煤气、航空、水务、电力、铁路和邮政系统私有化和规制的基本特点。渐渐地，RPI-X机制被拉美及中美洲国家、加勒比海域国家、中亚及东南亚国家、部分欧洲国家甚至个别情况下美国所采用，具体方法依各国国情监管而有所差别。

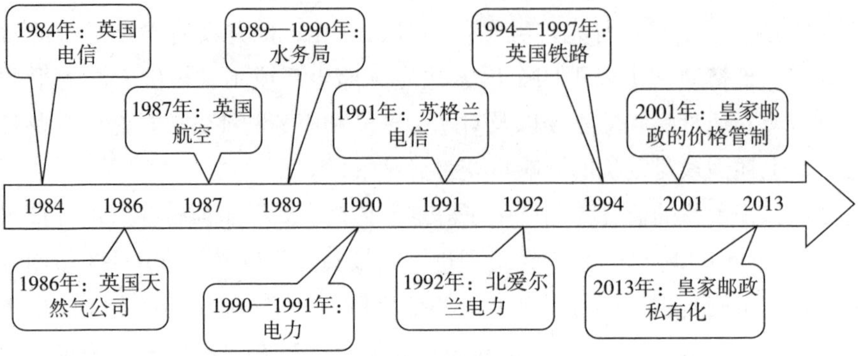

图1　私有化和 RPI-X 监管的演变

第三，理特查尔德教授认为的 RPI-X 机制是一种简单的、宽松的方式，因此不会耗费太多时间，也不会表现得过于官僚主义。但事实上，围绕着 RPI-X 的实施形成了一个庞大的产业，这是应当预见到却没人预见到的，对此我稍后会详加说明。我自己涉足这个领域更多是因为相关监管部门制定的价格常常遭到企业的质疑；根据英国的制度安排，具体而冗长的此类上诉通常由我当时效力的英国竞争委员会负责处理。

此外，还有另一因素可能出乎理特查尔德教授以及其他人的预料：即新定价机制在公用事业部门的运用揭示了这些部门的效率之低。很快，人们意识到最初的价格管控过于宽松，以至于一个定价几乎是一经颁布就需要修改，因为人们意识到，只有激励确实存在，才能确定到底节约了多少成本。有趣的是，在一些产业中，当效率提高的最大水平被确定后，X 的值随着时间推移不断变大。

三、RPI-X 机制

以后来的标准评判，英国电信行业的初次价格管制是相当直接的：X 值根据英国电信公司在 5 年的价格管控期内预期可达到的年均生产率提高值被粗略地计算出来。但是，之后英国电信产业很快就据此发展出一套复杂而完备的估算方法，并使之成为确定 X 值的通行标准。首先，相关产业不属于自然垄断的部分被剥离出来，并重组成竞争性结构。例如，发电企业被剥离出来，形成互相竞争的私有企业。彼此竞争的供电公司就此形成，它们向发电企业购买电力，并向输电、配电和管线等自然垄断企业按照 RPI-X 机制规定的价格付费。铁路行业也相继创立了彼此竞争的车辆公司。铁路运营公司为获得铁路的阶段性特许经营权相互竞争，从车辆公司那里购买列车、货运车厢和客运车厢并向铁路路网公司支付管控价格。其次，允许转嫁主要由燃料价格和其他投入（诸如政府所征税费等）组成的不可控成本；其三，X 值的确定是为了确定自然垄断费用（现实中包括一整套收费，这些收费也许会随时间变化，但不会脱离管控价格太远）。尽管在座各位可能对此很熟悉，我接下来还是要简单总结 RPI-X 机制的实际运用（见图 2），这将对我后面的观点形成支持。

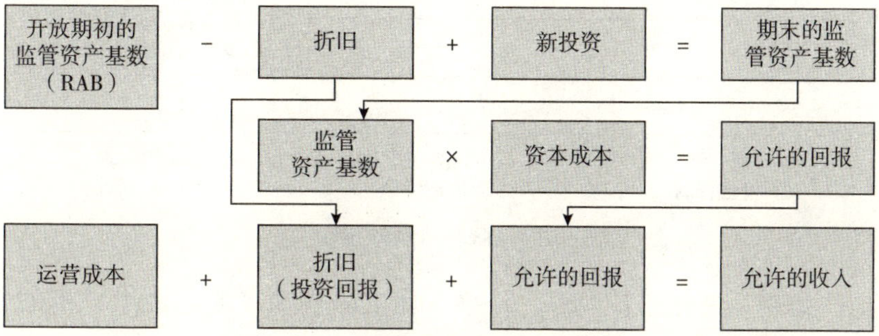

图 2　RPI-X 机制的基本构成

本质上，对每一个价格管控周期（通常为期 5 年）监管者都需要确定：（1）期初的公司资产价值，这通常但不总是基于重置成本（即阶段 0 时的资产基数）；（2）监管期内公司资产的折旧费；（3）监管期内（从阶段 1 到 5）的新增投资（CAPEX 资本支出）；（4）监管期末的监管资产基数；（5）5 年内的运营支出；（6）监管期内的资本成本，表现为监管资产基数的一定比例。

由此产生了一种不可逆的棘轮机制（见图 3）。在这个程式化图表中，单位成本初始值为 100，如果没有激励措施，它们将始终维持在 100 这个值上。但是如果监管机构在 100 这个成本值上确定价格，在 RPI-X 机制下企业有很强的激励降低成本。也就是说，在第一个监管期内如果成本值降到 80，则图中 A 区域就是企业获得的额外利润。但是随后监管机构又会根据 80 的成本值确定新的 X 值。假设之后企业把成本降到 60，则企业可以获得区域 B 代表的利润。如果成本就此达到最低值，始终维持在 60，则 RPI-X 产生的总体收益为 A 加 B 加 C，其中企业获得 A 加 B，消费者获得 C。通过允许价格短时间内脱离成本（因而违反配置效率原则），可以获得最大化的生产效率，且收益中很大一部分传导给了消费者。

如果运行恰当，这一机制的主要特点是：第一，短期内企业有很强的激励

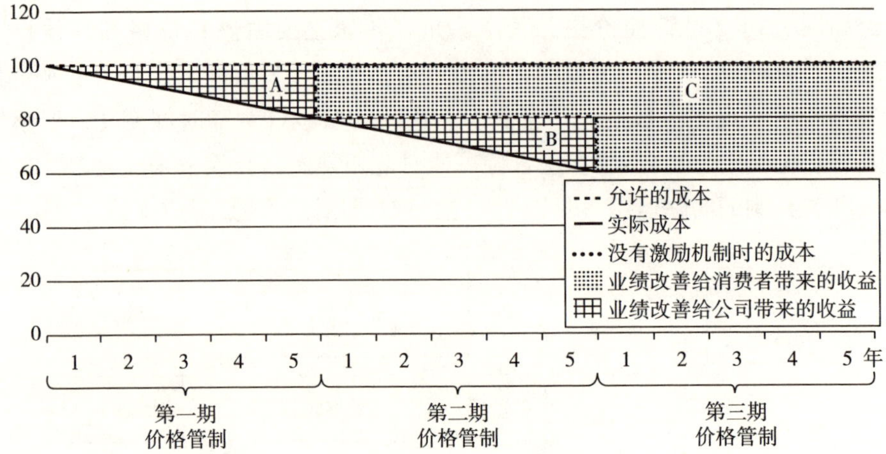

图 3　棘轮机制的说明

提高生产效率；第二，长期看，价格总体上随成本（实际成本）不断下降，因此形成长期的资源配置效率。实际上，价格变化的长期轨迹与竞争带来的价格变化轨迹大体一致，即最低的成本，最小的必要回报率，因此价格也最低。顺便说一下，这大体等于中世纪哲学家们所说的产品的“公平价格”，不管实际价格是多少；这也类似于战争期间确定不正当收益的基线。简言之，这不仅产生了最优的有效价格，也产生了从道德角度看的所谓“公平价格”。

四、RPI-X 的影响

如上文所述，早期有一些零散的证据证明了这个基于激励机制的新价格管控机制的效果，这些证据表明自然垄断企业的效率低下远远超出预料，而新的监管机制产生了强大的激励作用。自此之后，学界针对此类垄断行业的经济表现展开了大量的研究。这些研究侧重于不同的行业、时期或所使用的监管措施等，因此未能得出一个完全确定的效果描述。此外，这些研究几乎都未明确分析 RPI-X 机制的影响，因为绝大多数 RPI-X 机制都是在私有化阶段引入的，所以这两方面的效果无法完全区分开来。尽管如此，上述研究所取得的成果依然有其学术价值。

一个具有代表性意义的例子是，在英国电力部门私有化并且纳入 RPI-X 监管后的头 8 年里，消费者的实际支出减少了 26%，工业用户的实际支出减少了 35%。监管者针对更长期限所做的研究表明支出水平减半。在天然气部门，

11 年中天然气消费者实际支出减少了 35%，在全面引入市场竞争之后，实际支出在此基础上又减少了 20%。电信行业在 11 年间见证了 48% 的实际支出下降，当然电信行业中技术革新和市场竞争是更重要的影响因素。最大的例外出现在水务产业，消费者的实际支出增加高达 40%。但是需要指出的是，水务产业受到两个特殊因素的影响：其一，过去严重缺乏投资，导致 19 世纪的供水和下水系统年久失修，需要大范围检修，由此需要花费大量的成本；其二是欧盟关于饮用水质量和排污系统要求的指令也增大了水务行业的投资成本。但是据估计，在剔除上述特殊原因之后，用水的单位成本下降了 20%。此后经合组织（OECD）的一项研究也广泛验证了上述结论。

上述研究对新制度引入后的效果没有定论。有部分研究的证据表明，电信行业、天然气行业和电力行业很大程度上依然保持着 80 年代（私有化和RPI-X 机制引入之前）时已经实现的收益。同时，铁路产业的私有化是很有意思的例子。英国的铁路网络私有化和监管使得该行业一度扭转长期并且看似已成常态的客运和货运量下滑，私有化后年增长立即恢复到 7%。尽管如此，铁路系统的公司本身却陷入财务困境，很快再次被国有化。虽然有这些反面例证，但是值得一提的是，率先实现私有化的两大行业（电信和天然气行业）的生产效率提升一开始并不高，这符合初始设置的 X 值太低的结论。只有在效率提升的范围更为明确以及 X 值收紧之后，私有化的效果才得以完全凸显（同样重要的是服务的质量和可靠性，将在下文中讨论）。

整体而言，多项研究表明：市场竞争，或者在市场竞争缺乏时基于激励的监管比所有权归属更能引发自然垄断行业的经济进步。看起来最重要的是，如果所有权归属于国家，则必须保证权利的行使不会干预竞争和监管机制，这才能带来超凡的经济表现。因此，国家是否能够合理安排其事务，确保上述底线成为一个经济研究和政策问题。我将在最后重新阐述这一点。

五、RPI-X 在实践中的应用

因此，我们很容易得出如下结论：RPI-X 是很成功的监管机制。它不仅在理论上，同时也在实践中创造了经济利益，解决了难题。RPI-X 已经成为许多国家解决类似问题的主要办法。尽管如此，英国近 30 年的实践经验表明：这项制度仍面临许多问题，虽然这些问题并不致命，但不可谓不重要。因此不难了解英国政府和各监管机构都在思考 RPI-X 制度的改革。下面我将简述四项重要的改革内容。

1. 运营支出（OPEX）和资本支出（CAPEX）

在理想状态下，监管者想要确知企业未来所需的最低运营支出。但在实践中，不仅是监管者，甚至连企业经营者都无法全面掌握这一支出水平。通常监管者会聘用外部工程人员或其他合同方来评估企业现存的低效部分，并指出解决低效所需的合理时间。但是，在这些行业里经常难以找到真正独立的其他合同方（未来无需依赖本公司提供的业务）。同时，外部专家和公司经理人之间总是不可避免地存在着严重的信息不对称。在可能的情况下，外部专家通常会将这些企业与其他类似的运营机构作比较。这种方法对于本地分销公司而言简单易行，因为有许多其他本地分销公司可以作为比较的参照，不过也经常留有商榷的余地，说某公司由于地理、人口结构或历史原因应作为特例区别对待。对于全国性的传输系统，其参考系只能是其他国家，但国际差异以及迥异的成本结构使得这种比较意义不大。过去的效率改进也曾被当做指引，但企业们会争辩说，过去效率改进越多的企业，未来提升的空间就会越小。由此可见，确定支出数额可能成为监管者与被监管者之间博弈的难点，这一问题至今未能得到完全解决。可取之处在于，尽管困难重重，企业都有削减运营支出的动力，这一削减可以纳入下一个 5 年。如果有任何问题的话，大多也是推迟价格削减。

2. 类似的问题同样出现在 5 年资本支出计划中，但是具有更大的不确定性

扩张性投资严重依赖于产出的增长，而后者本身是非常不确定的变量；而重置和翻新，特别是主要的资本性设备，则取决于未来的资本消耗率。创新型投资就其本质而言很难预见。在所有类别里，最后证明为合理的投资可能与企业 5 年前制订的投资计划相去甚远，因此企业有理由选择扩大、减少或者大刀阔斧地修改这些规划。通常来讲，监管者会接受企业提交的计划书，前提是这些计划通过独立第三方的合理审查。监管者可以确知，合理追加投资将纳入监管资产基数（RAB），从而获得折旧费提存与回报，而投资不足则不会显示在监管资产基数中。真正可能出现问题的时候只是在监管者确定某项未预见的资本支出为不必要，并且不考虑纳入监管资产基数时，或是企业称不预设资本支出计划是因为公司管理有效。如果此类资本支出被自动排除在外，则企业管理者也将丧失提高效率的激励。

让情况更为复杂的是，如果减少运营支出使企业在 5 年内取得意外的收

益，同时计划外的资本支出在合理审查后被允许纳入监管资产基数，则企业将有激励做出投资，例如提高流程的自动化程度，则运营支出减少。如此一来，很有可能面临的风险是，在计划内的运营支出没有发生而计划外的资本支出却出现的情况下，企业将获得双重好处。然而，实践证明很难在复杂的基于工程的产业中确定哪些资本支出会有此效果以及效果会有多大，哪些属于原始计划未预见到的，是由于技术革新所带来的，或是后来企业为了获得双重好处而“追加”的。在实际操作中，这一问题有多严重我们并不完全清楚，但是，“顾客付了两次钱”这句话就足以引起不小的冲突。

3. 加权资本成本

基于资本资产定价模型（CAPM）可以得出标准的模型，由此监管者可以确定其允许的资本回报率，在此我不做赘述。从本质上讲，允许的金额为债务融资成本和股权融资成本的加权平均值，其中：（a）权重应为企业负债和股权融资的比率；（b）债务成本为公司债券的利率（包含违约风险因素）；（c）股权成本是无风险利率加上企业的股权风险溢价，后者是市场整体股权风险溢价乘以企业市值相对市场变动的幅度，因此与整体股市的波动具有相关性（通常称为公司 β）。这是投资者在提供资金时预期能够获得的最低资金回报。因此，为了确保公司能够获得融资，监管者必须允许这一金额。

表 1　资本的加权平均成本：资本资产定价模型

1. 资本的加权平均成本 = 债务成本 × 债务比例 + 股权成本 × 股权比例
2. 债务成本 = 无风险利率 + 债务风险溢价（ = 公司债券成本）
3. 股权成本 = 无风险利率 + 公司股权风险溢价
4. 公司股权风险溢价 = β × 市场股权风险溢价
5. β 是衡量公司价值和整个股市价值之间相关度的指标

这都是已经有定论的。在 70 年代时，我曾给学生们做过这一问题的讲座，但现在这一问题的方方面面都几乎成了 RPI-X 监管体系的雷区。是应该使用公司实际的负债率还是监管者认定的最优（成本最低的）负债率？如果用于应付违约风险的债务溢价高于同类公司水平，是否应该使用其他同类公司更低的数字？β 的计算是针对公司整体，而非受管制的活动，后者适用的 β 值可能更低。被认为争议最小的市场股权风险溢价值经常会成为争议最大的点。应当确定多长的考察期？如果太短，也许只能反映暂时的情况或短期的风险评估，对于投资决策动辄40年甚至更长时间的公司而言，这可能是不合适的。因此，监管者有时需要考察长达100年的数据。但是在这种情况下也可以质问：两次世界大战之间的风险评估和当前的最优定价有何相关性？最不可思议的是，不管使用何种基期，作为算数平均数计算的年均数额和作为几何平均数计算的年均数额之间总会出现差异，而几何平均数几乎总是更低一些（不管信不信，我提到这一点仅仅是因为这对每个人的电费账单的影响可能不是微乎其微的）。很遗憾的是，取决于采用的方法和基期长短，资本的加权平均成本的上限很可能是下限的2倍。在此基础上，如果乘以资本密集型的公用事业的高额资本总额，其结果可能会完全改变价格和利润率的走势。在这方面，无法获得所谓的“正确”答案。

4. Po Drop

5年期X值的确定被视为RPI-X监管中的关键问题，这可以理解，因为确实如此。但同样重要的是我们通常所称的“Po Drop”（见图3）。此类监管的一大优势在于，即便监管者在某一时期过于宽松，而企业由于成本效益提升而获得高额利润，这一结果本应被预见并纳入价格管控范围，但至少这些成本效益的提高也会在下一次价格管控中转移给消费者。“Po”指的是下一周期的初始价格。监管者会降低这一价格以抵消上一个5年企业获得的超额利润。当然，企业也不乏应对之法。通常它们会有动力去特意安排效率提升计划的实施次序，将之集中在某个5年期的头2年，而在最后一两年尽量少安排，这可以让它们实现收益的最大化，使价格的Po Drop值最小。作为回应，一些监管者逐步引入调低初始价格的方法。在一两年内维持高于正常水平的价格与在价格管控期的最后几年取得较低成本这两种目标之间存在互为消长的关系。

5. 质量因素

上述讨论全都忽略了RPI-X监管机制中可能存在的一个巨大漏洞。当企业有激励缩减开支时，不可避免地会让它们的服务质量打折扣，不管其表现形式是供应量减少、维修服务速度或效率下降和对客户投诉的反应迟缓等。为此，政府建立了全面的质量监测指标，确定质量目标和不达标的处罚。虽然这一努力在提高某些质量指标方面很有效，但是它大大增加了监管过程的复杂性，不仅仅因为需要在所允许的成本和所提供的质量之间确立可以实现的取舍关系，同时也需要寻找这种取舍关系的最佳平衡点。以能源行业为例，具体的目标包括：与安全性、可靠性、连接速度、客户满意度以及社会责任有关的目标等。

因此，在几乎所有的行业内以及所有的指标上，这类监管都切实提高了服务的质量和可靠性。

这些问题以及今天没有谈到的一些问题促使当初那个相对简单、非官僚做派的 RPI-X 监管机制如今已发展成为一项由监管者和被监管者共同参与的工作。它通常在新的监管周期开始前两年就已展开，涉及公司转移实质性的企业数据、大量的第三方运营审查、各方间召开的众多会议、海量数据、对价格审查时做出的假设是否可接受进行持续跟踪等，同时越来越多地对监管者的价格设定提出上诉，因为 RPI-X 已经成为许多企业在整个 5 年期内最重要的一项决策。这当然不意味着我们要废止 RPI-X 机制。反之，在我看来，RPI-X 到目前为止取得了巨大成功：节省成本、提高质量，同时还有一个意想不到的效果是帮助造就了许多领域内的世界级企业。显然，如今的 RPI-X 已经从最初设想的那个模型中脱胎换骨。它比之前预想的更强调监管者与被监管者之间的“博弈”；同时它变得具体而复杂，以至于外行很难理解消费者的权益在多大程度上可以受到该机制的保护。随着近年来能源价格、铁路交通费用和邮费的显著增长，即使出于和前文所述内容并无直接关系的原因，也可以理解有人担心这一套越发不透明的制度未能奏效。能源和水务行业的监管者近期都进行了监管框架的重大评估，似乎正朝着更为复杂的方向发展。邮政行业、航空业和铁路运输业正在发生巨大变化。许多其他行业也可能跟进。能否在维持 RPI-X 机制优势的同时，避免近年来出现的一些复杂性和矛盾，这还需要时间的检验。

六、深层次问题：信息、激励机制和治理

同时，RPI-X 价格规制的三个更深层次的方面也值得关注，每个方面或许都有助于揭示改革进程中需要保持的一些关键要素。

1. 信息

人们普遍认识到，任何监管机构面临的潜在问题就是信息的不对称——公司对其自身的能与不能更为了解，并且有充分的激励向监管机构提交高于实际的成本信息；并将可行的活动上报为不可行。在一些地方存在垄断（比如在配电部门）的情况下，有应对这一问题的有效机制，即“标杆竞争”。每个企业可以参照其他所有同类相关企业的成本增加来提高它的价格，但这种机制目前只在少数情况下施行。这种机制对企业自行削减成本有很强的激励作用，因为所有的好处可以保留 5 年；但是由此会降低所有的成本乃至全行业的价格。尽

管如此，在所有公司都出现外部成本增加的情况下，标杆竞争这种机制也会导致价格上升。它干净利落地再造了竞争性的结果。在此情况下，更有效率的企业会获得较高的利润，而低效率的企业将面临损失。然而，到目前为止，这仅被应用于英国的水务行业，并且尚未正规化。其中价格的上涨以其他自来水公司的成本作为参考基准。这主要是因为即使同行业内的企业也依然有规模、客户类型、物理条件、过往投资遗留效果等方面的差异。所有这些都可能影响直接比较成本的有效性。

但信息不对称问题还要更加广泛，因为企业自身在经营的很多方面都面临相当高的不确定性——未来的需求、技术变革、可获得的技能、它们应对这些挑战的能力，以及成功实施的可能性等。竞争市场的最大优势在于——从长期看来不仅是倾向于支持以最低可持续价格销售商品和服务的最高效的生产者——它是一个发现和启发的过程。最重要的是，它激励企业了解需求（不仅是当前的，也包括未来的），开拓新的生产方法和满足未来需求的新途径。举一个老生常谈却有教育意义的例子，在柏林墙倒塌时，令人震惊的并不是西德充满竞争的经济环境中商品的价格有多便宜，实际它们根本不便宜，而是在竞争的环境下比较宝马与特拉贝特轿车时，可以看出在竞争条件下产品和工艺创新已经迈出了一大步。

但竞争机制在自然垄断领域并不存在，因此监管者需要人为营造竞争环境。监管者需要推出激励措施使自然垄断企业乐于进行高端的发明研究。这包括高质量的研究和开发，以及提高效率、提升产品或服务质量的许多方法等。与竞争环境类比，有时这需要一些条件，让公司在其能力范围内创造额外的利润。扼杀这一点的监管体系无法让公司充分获取新数据、抓住新机会。简言之，监管者与被监管者都无法预知未来，也不应假装知道。因此，任何监管体系的第一要务都是为世界提供更大的激励，使其充分被启蒙，从而产生最佳的成果。沿用海耶克首先提出的比喻，监管者不应是一个手工匠人，按自己希望达成的效果去创造。监管者应当更像是园丁，去为自己希望实现的结果营造生长的条件。

2. *激励*

以英国的例子来看，激励作用绝对是这一领域任何问题的关键。RPI-X 的成功不仅是因为它创造了提高效率和实现优化的强大激励机制。还因为后来 RPI-X 的重心转为如何引导或遏制公司修改资料，变运营支出为资本支出，人为操纵生产效率提高的时点，或者任由服务质量降低等方面的激励机制。在许多的监管上诉案件中，争议问题的解决都参考了竞争市场结构下的同等激励效果。

这同样可以佐证先前提到的在决定效率结果时，激励机制比产权归属或者市场结构更为重要的理论，其实后两者只是通过影响激励机制来发挥作用。如果是这样，我们需要更深挖一层。可以发现，在英国受 RPI-X 机制约束的企业几乎（但不是所有企业，英国邮政到今年之前一直是例外）都已经完成私有化进程。可以认为，这些企业的激励就是利润最大化。但是，只有企业管理者的收入或者其晋升与职业发展在很大程度上与利润直接相关时这一结论才成立。在英国，这种情况越来越普遍，当企业管理者的收入以及（或）管理者的职业发展与企业的财务表现挂钩时，不管实际所有权归属如何，都会出现同样的激励效应和同样的效果。当然这一效果在私有企业更为单纯和明显，但 RPI-X 伴随私有化进程出现的事实并且作为私营部门垄断问题的解决方案，并不意味着其优势（或劣势）只在私营部门中才适用。简言之，竞争和私营企业有很多优势，RIP-X 机制尽管有很多问题，但是由于它所营造的激励机制，原则上可以产生类似的效果，甚至是在国有垄断的条件下。

总而言之，国有制并非与取得激励机制的好处不相容，但这一结论成立需要满足以下三个条件：

（1）激励只应与企业的经济表现挂钩，否则激励监管将无助于企业效率的最大化；

（2）企业的运营必须得到加强和保护，确保各种补贴、额外的义务或其他干预都不会抑制激励机制的发挥；

（3）产业、社会和环境政策应保持透明化，使其效果可独立核算，并处于激励监管实施的范围之外。

3. 治理

在自然垄断的行业（如公用事业或其他行业），服务的提供包含四个层次：管理、所有制、监管者和产业政策。后三者简单说来就是改变市场选择结果的干预行为。在英国，直到 80 年代，后三者一直都是国家职能，管理者需要向运营有关设施的国家机构负责。30 年后的今天，情况走向了另一极端：虽然国家依然制定并实施产业政策，但程度已经大大缩小。监管者变得独立，上诉案件直接呈报给独立的管辖机构——竞争委员会（或者可能通过司法复议提交给法院）。公司几乎全变为私有制企业。管理者依照私营企业的规则，在监管框架内开展运营，遵守监管者设定的相关目标。

对于这些治理安排应采取的形式没有公认的正确答案。即便私有制确实具有许多优势，但是就应对自然垄断带来的问题而言，私有制并不一定是必需的。

但是，基于30年来英国监管体系发展的经验，我认为英国体系中的权力分立无疑具有许多好处。显然，激励是企业的动力来源。监管者如果能够设计好一个基于激励机制的监管体系，既可以在当前带来最优结果，又可以为未来技术创新的收益奠定基础。所有者可以得到相应的最低回报以维持其经营活动。产业政策的干预必须独立并且透明。这使权力机构必须想清楚干预的目的、潜在的收益（潜在的赢家）以及潜在的成本和潜在的输家。

虽然看起来很明白，但是必须承认，RPI-X机制近年来面临着巨大且不断增加的压力。它所涉及的相关产品和服务大多与民生密切相关，因此一旦出现价格大幅上扬，百姓就会对政府施压，要求后者采取行动。这并不是政府的问题而是独立监管者的问题这一说法几乎无人信服，但是通过公开补贴的方式来抑制价格上升的做法与（目前严重的）公共部门债务问题存在矛盾。这很容易让人们误以为公用事业公司利润过高，尽管目前没有充分证据能够证明这一点。因此，人们的注意力将会转向监管机制本身以及机制的改革。

这些压力都可以理解。目前对于英国RPI-X机制的审视无疑正当其时，而且可能会给这一机制在其他地区的发展产生积极影响。但有迹象表明，改革的方向是将RPI-X变得更复杂，这可能会给这一制度带来潜在的危险。更重要的是，在我看来，这些都不能否认权力分立的优点结合以激励为基础的监管制度对推动英国和其他地区相关行业的复苏起到了根本性的作用。如果上述结论正确，那么我希望最终它们也能对中国有所助益。

特稿

Special Feature

Comparative

全球经济中的格林斯潘—伯南克泡沫

罗纳德·麦金农

我不断地吹着泡泡
空中美丽的泡泡
它们飞得那么高，几乎到达了天空
然后像我的梦它们消失了，破灭了

古老的伦敦民歌

引言

不管怎样，世界经济是建立在美元本位制基础上的——“二战”结束以来，一直如此。从1945年到20世纪60年代末，这一历史事件有了转机。美国的货币政策保持稳定，经常项目显示适度盈余——这一盈余被私人对外直接投资和官方资本外流对冲（支付）。最值得注意的是非常成功的“马歇尔计划”，在欧洲支付同盟内通过稳定的美元汇率，促进欧洲经济一体化，从“二战”中复兴。还有少为人知的对日本的美元信贷“道奇计划”，1949年，以1

---

* Ronald McKinnon，斯坦福大学教授。

** 本文以非正式的风格撰写，没有通常的学科归属。我的撰文理由是，它的确是我最近一本书的主题纲要，《失宠的美元本位制：从布雷顿森林体系到中国崛起》（牛津大学出版社，2013年）。进一步了解相关分析请查阅此书。

美元兑 360 日元的汇价稳定了饱经战争磨难的金融系统，并在 20 世纪 70 年代实现了无通胀的高速增长。

但是从 1971 年 8 月开始，当“尼克松冲击”迫使美元贬值，不稳定的美国货币政策使中心国家和不断变化的外围国家都发生了较大的突变。作为事实上的世界中央银行，美联储非但没有恰当的表现，反而通过引起不稳定的“热钱”流入经济上重要的外围国家——主要是西欧和日本，在 20 世纪 70 年代至 80 年代成为系列泡沫制造者，在新千年后的新兴市场国家（EM）也是如此。

当市场预期美元贬值时，或者是美联储保持其国内利率低于其他地区的主导自然利率时，热钱流出美国，不管实行哪种汇率体制，外围中央银行都面临两难境地：要么允许本币对美元升值，这样会失去相较于邻国的出口竞争力；要么使用基础货币购买美元进行干预，货币失控。外围国家货币的集体失控，导致了国际价格水平上升，通常首先表现为初级产品的美元价格泡沫，随后其工业产品价格更大幅度地上涨，在较长时滞后，美国的通胀水平最终也会上升。

美元引起的热钱综合征解释了 20 世纪 70 年代世界上的大多数通货膨胀。早在 1970 年，市场就开始预期美元贬值，直到 1971 年 8 月“尼克松冲击”迫使美元贬值。在 1970—1971 年，热钱从美国流入其他货币可兑换的工业国。这迫使欧洲、加拿大和日本的中央银行进行大规模干预，持有的官方美元外汇储备剧增——相应的国内货币基础也大幅增加。主要在美国本土以外的“世界”货币供应突然增加，伴随着商品价格上涨，特别是石油价格在 1973—1974 年间大幅飙升。

由于全球经济衰退，1975 年通胀在一定程度上得到控制。1976 年新任卡特政府试图令美元贬值——特别是对日元，错误地认为美元贬值将减少美国贸易赤字，结果是引发了类似的热钱流出。1977 年到 1978 年，由于美元贬值，热钱再次流出美国。在危机气氛中，1978 年 10 月，一个外国中央银行组成的财团介入，通过购买美元使其币值平稳；美联储被迫提高利率。但是损失已经造成了。随着美元外汇储备急剧积累，美国以外的世界货币供应量又进一步增加，导致 1979—1980 年工业化国家商品价格飙升和普遍高通胀。

格林斯潘—伯南克泡沫：2002—2013 年

考虑到这样的背景，让我们快速回顾 2002 年和格林斯潘—伯南克时期美国热钱外流在世界经济中产生的“泡沫”。2001 年美国股票市场对网络泡沫破裂反应过度。2002 年，美联储主席艾伦·格林斯潘将银行间隔夜拆借利率降至仅为 1%（紧随其后是伦敦银行间同业拆借利率，如图 1 所示），并且保持到 2004 年。热钱再一次流出美国，但是这次美元本位制的相关外围是货币可自由兑换的新兴市场国家，这些国家较高的利率水平反映了其较高的增长。

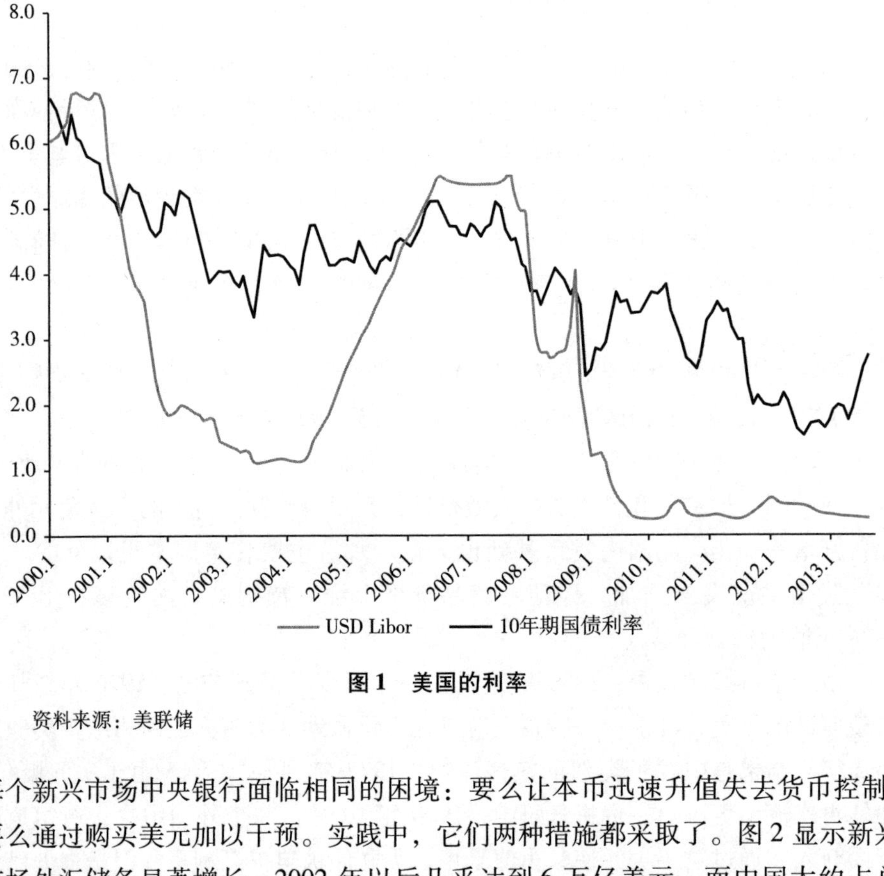

图 1　美国的利率

资料来源：美联储

每个新兴市场中央银行面临相同的困境：要么让本币迅速升值失去货币控制，要么通过购买美元加以干预。实践中，它们两种措施都采取了。图 2 显示新兴市场外汇储备显著增长，2002 年以后几乎达到 6 万亿美元，而中国大约占总额的一半。不考虑中国，图 2A 显示官方储备在新兴市场遍地增长，遍及拉丁美洲、欧洲、中东和发展中的亚洲。图 2A 下图（右手边）显示了当热钱流入时（2006—2007 年和 2010 年）新兴市场汇率指数上升和当热钱流出时（2008 年和 2012 年）新兴市场汇率指数急剧下降。

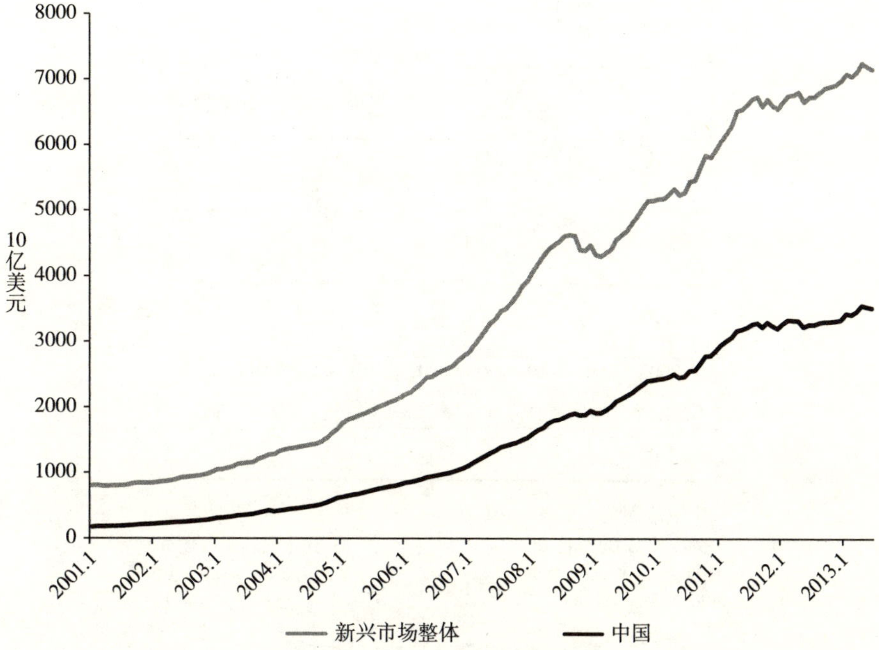

图 2　新兴市场和中国的外汇储备

图 3 显示了新兴市场和美国相比较高的通货膨胀，尽管从 2002 年到 2007 年（如图 4）新兴市场对美元汇率是升值的，新兴市场货币失控和美国超低利率共同制造了资产市场的泡沫。最广为人知的是美国房地产价格（特别是住房价格）的巨大泡沫，在 2007 年达到顶峰。但是，正如我们将看到的，同时存在于商品和股票价格上的泡沫一直持续到 2008 年破灭前。

从中心国家流出的热钱，通常是由银行融资给“套利交易者”的，也就是投机商借入低利率货币（或者所谓的来源货币），投资于较高利率或有较高升值预期的货币（所谓投资货币）。热钱的流出可能导致来源货币在一段时间内贬值。图 5 显示美元的有效汇率从 2002 年直到 2008 年初持续贬值。就套利交易者而言他们只是宪章派，他们简单地推断美元贬值而忽视其中的风险，他们在高利率和货币升值的双重激励下把热钱从美国转出投入那些新兴市场。

然而，银行业危机可能使热钱的流出戛然而止。当（国际性）银行岌岌可危时，它们停止以投机为目的的放贷，甚至要求归还以前的短期贷款。美元

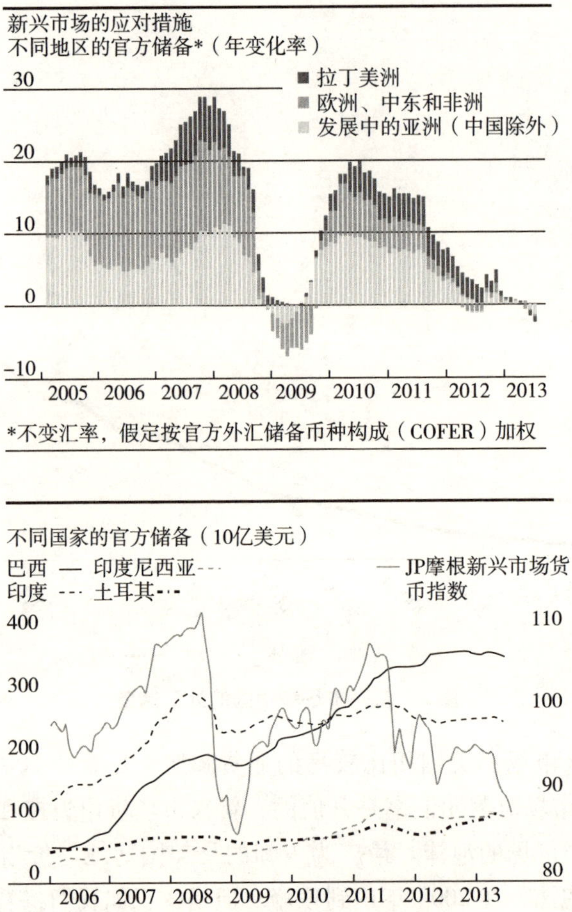

图 2A 新兴市场国家的储备变化

资料来源：Financial Times

信贷突然撤回会相当迅速，因为在危机时美元被视为避险货币，即便是银行业危机始于美国。来自次级抵押贷款违约的银行业危机，主要和 2007—2008 年美国房地产泡沫破灭有关，导致热钱骤然回流美国。图 2A 显示新兴市场在 2008 年央行储备积累率的下降。图 4 显示新兴市场对美元汇率的贬值。图 5 显示美元有效汇率在 2008 年大幅升值对于不能对冲外汇交易风险的套利者影响非常严重。

但是，美联储并未就此收手，泡沫继续吹大。在本 · 伯南克主席时期，面对 2008 年的经济下滑，美联储再次过度反应，通过削减美国银行间隔夜

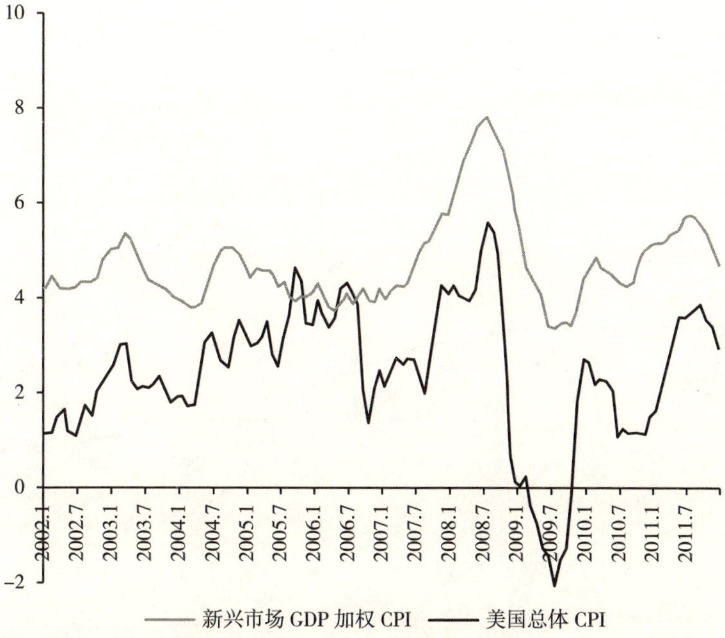

图 3　总体 CPI：新兴市场和美国

注：新兴市场包括巴西、智利、中国、哥伦比亚、捷克共和国、埃及、匈牙利、印度、印度尼西亚、马来西亚、墨西哥、菲律宾、波兰、俄罗斯、南非、韩国、台湾地区、泰国。

资料来源：EIU，作者自己的计算

拆借利率，以压低伦敦银行间同业拆借利率，到 2008 年 12 月银行间隔夜拆借利率更是下调到几乎为 0，并一直维持在这一水平到写作时（2013 年 9 月），如图 1 所示。然而，到 2009 年中旬，美国次级抵押贷款危机似乎得到了遏制。美国财政部的问题资产救助计划（TARP），让银行和其他重要金融机构获得了大量注资。到 2013 年，TARP 已经取得了成功，美国银行已经偿还了几乎所有借贷。

但是在美国和新兴市场之间依然存在巨大的利差缺口，图 6 显示了“金砖五国”的（银行贷款）平均贴现率大约是 6%，而美国（包括欧洲地区和日本）接近于 0。由于美国银行业危机已于 2009 年中得到缓解，银行向套利交易者放贷不再受到制约。2009 年到 2011 年，美元和其他来源货币的套利交易再次启动，美元有效汇率贬值，产生新的大宗商品价格泡沫也就不足为奇（图 5）。

2011 年年中，正当国际银行业危机因欧元困境而达到顶峰之际，第二个

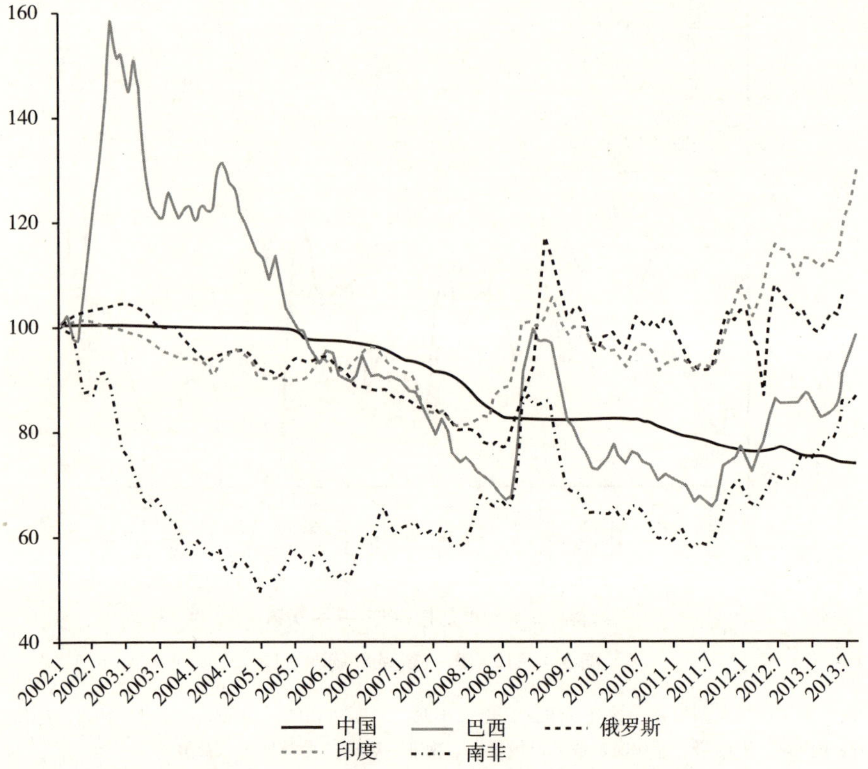

图 4　金砖五国货币与美元的比价（2002 年 1 月的汇率 =100）

泡沫开始破灭。银行贷款净回流，阻止了套利交易把热钱输入新兴市场。图 5 显示 2012 年美元有效汇率第二次大幅升值，资金又回流美国。

图 7 展示了两次泡沫产生及最终破裂的效应，格林斯潘—伯南克泡沫经济；它记录了美国从 2002 年到 2013 年在房产价值、股票价格以及大宗商品美元价格上所经历的泡沫。

阿拉伯之春

热钱的涨落和流动，特别是其对大宗商品的影响必定令新兴市场和其他发展中国家不安，因为它们是大宗商品的主要生产者，但是大宗商品——尤其是粮食和原油——也是这些国家中大多数消费篮子的主要组成部分，它们的人均收入比成熟的工业经济体低得多。实际上在许多较贫困的国家政府的政治生存往往取决于能否保持较低的国内粮食和能源价格。

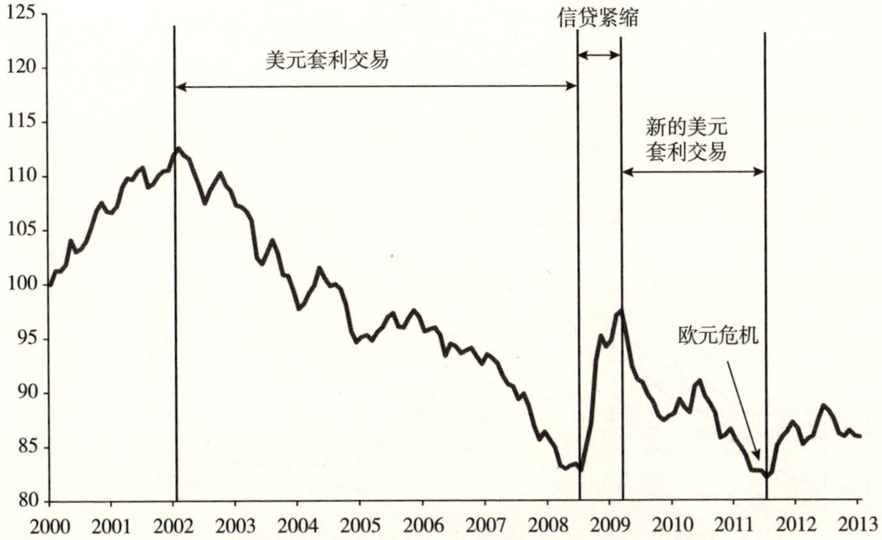

图5　美元的有效真实汇率（2000年1月的汇率=100）

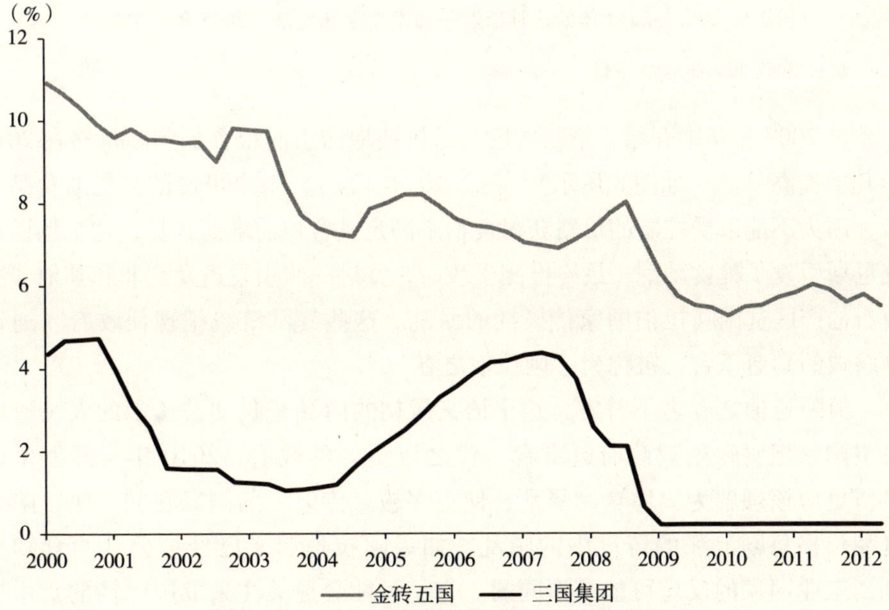

图6　金砖五国及三国集团的GDP加权贴现率

资料来源：IMF，EIU

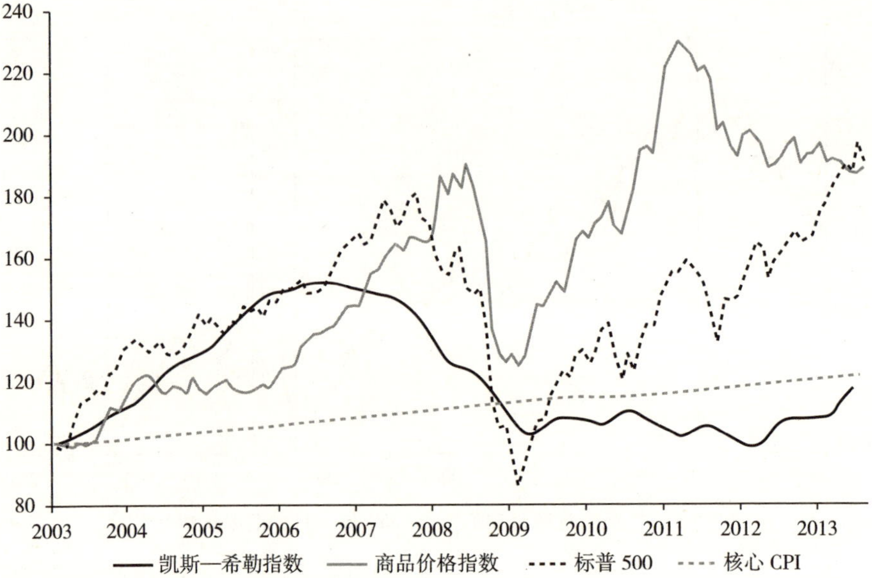

图 7　2002—2013 年的格林斯潘—伯南克泡沫经济（2005 年 =100）

资料来源：Bloomberg

从 2009 年年中开始，第二次巨大的热钱泡沫引起粮食的国际价格在 2010 年几乎提高一倍（如图 8 所示）。在 2010 年 12 月，一个可怜的突尼斯食品小贩，因为不能以受控制的价格获得食物来满足其客户需求而自焚，这个场面在突尼斯引发了粮食动乱，最终推翻了政府，并进一步引发遍及北非和其他非主要石油产区贫困阿拉伯国家传染性的暴乱。这些暴乱统统把现任政府（通常是腐败的）赶下台，被称为“阿拉伯之春”。

但阿拉伯之春名不符实，这个语义最初的内涵是长期被压制的人民憧憬民主国家把腐败独裁政府赶下台，代之以更好的政府，2010 年实际发生的事情更应该理解为集体食物骚乱，使更多被“传染”的国家在同一年，陷入食品价格急剧上涨的苦难中的骚乱。如果阿拉伯起义已经被公认为食物暴乱，工业国家的反应可能是不同的。它们可能会更关注采取国际性的货币措施减轻对大宗商品价格的周期性影响，而不是支持“赶出流氓”的政治革命。

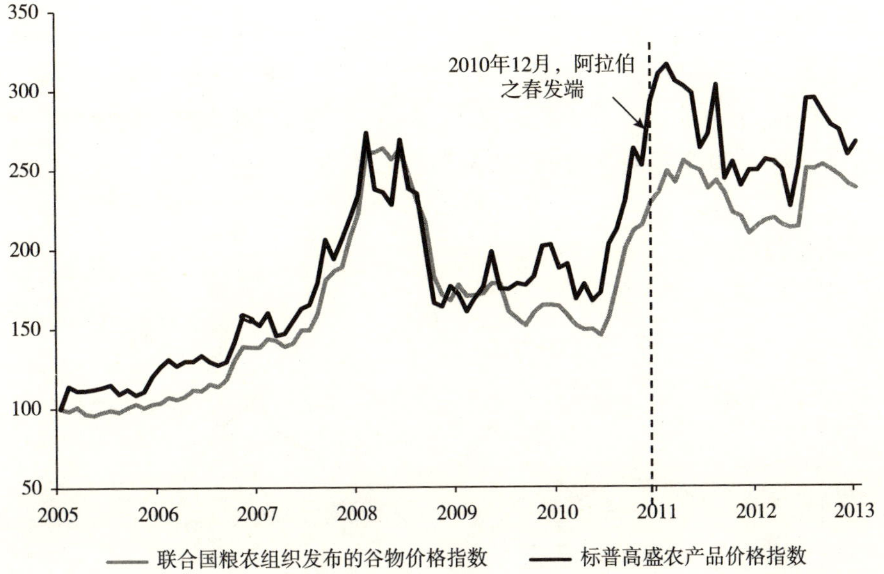

图 8　食品/农产品价格指数（2005 年 =100）

资料来源：Bloomberg

成熟市场经济体的量化宽松

本文主要关注的是导致国际资产价格，特别是大宗商品价格泡沫的热钱流入新兴市场。金融波动的根源是，位于全球金融体系中心的成熟工业国的超低利率，以及相对较高的外围新兴市场经济体的利率。

但所有工业国在金融上不是平等的。大部分国家仍实行我所说的“失宠的美元本位”（麦金农，2013）。美联储带头通过现在常谓之为量化宽松（QE）的手段，将短期利率和长期利率（后来）压低到零。美联储先是在 2002 年将银行间隔夜拆放利率削减为仅 1%，到 2008 年又降为实际上的零（图 1）。2008 年以来实施量化宽松政策的过程中，美联储购买了巨额的长期金融工具——主要是美国国债。在过去一年，美联储每月购买了 850 亿美元。在 2013 年讨论“退出”之前，美联储已经在 2012 年成功地拉低了长期利率（图 2）。

值得注意的是，其他成熟的工业国家的中央银行——英格兰银行（BOE）、欧洲中央银行（ECB）和日本银行也像美联储一样保持短期利率接近于零，并且自2008年以来通过某种形式的量化宽松政策大幅扩张其资产负债表。图9显示，自2007年起，相较于其他三个中央银行的大规模资产购买，英国央行实际上购买了更多的资产——以占英国国内生产总值的比例来衡量。但是，尽管（或者因为?）它们大规模购买资产，四个中央银行几乎都未能成功刺激其经济从2008—2012年的下滑中缓慢复苏。

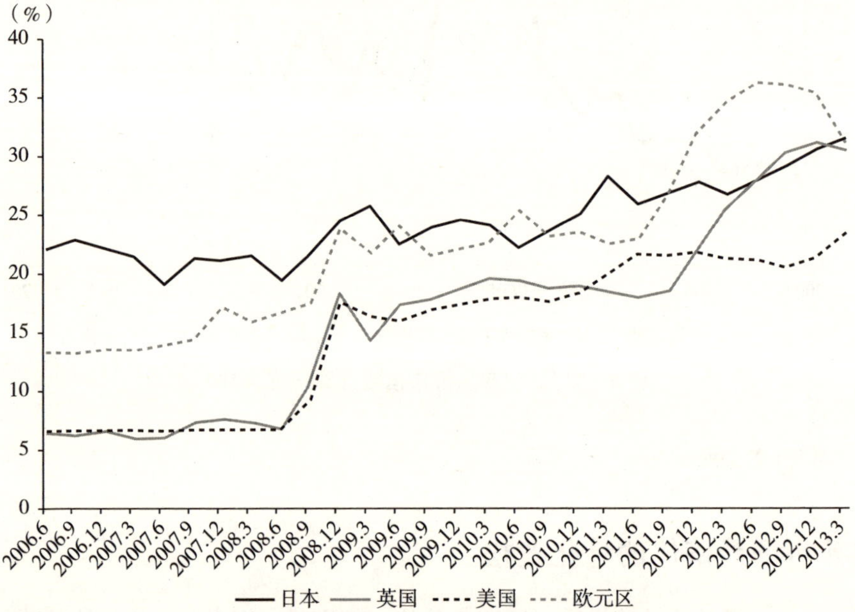

图9　中央银行资产负债表规模（占GDP比重）

资料来源：Bloomberg，OECD Stat

相比之下，欧元区边缘国家新兴市场的央行遵循着更适合于稳定美元汇率的货币政策，正如我们所看到的，它们受到了来自热钱中心的冲击。由于在金融和财政上不成熟，它们不敢冒太大的风险，采取保持短期利率接近于零的政策去发展，赞成或反对国内货币政策。尽管受中心国家低利率水平的抑制，它们仍然大体上保持正的名义利率并且避免以量化宽松政策的形式进行大规模的货币扩张。

处于中心的工业经济体可以忽略热钱潮流入外围国家，部分是因为它们都遵循非常类似的货币政策和利率（接近于零），而进一步原因是它们更大的金融成熟度让进出口商更容易规避外汇风险。实际上，它们是真正的“浮动”

汇率。然而，尽管是浮动汇率，工业经济体还是为自己制造了一个货币陷阱并且难以逃脱。

贯穿 2012 年的工业经济体近零利率陷阱

对美联储近零利率政策和大规模货币扩张政策的传统批评，是认为他们冒险引发了超额总需求和通货膨胀。然而，世界范围的通货膨胀仍然很低，美国的一些主要贸易伙伴，如日本和现在的中国，担心通货紧缩。中国的生产者价格指数在 2013 年 6 月下跌了 2.7%，这是连续第 16 个月下降。

相反，我认为，极低的短期和长期利率扭曲了金融体系，以至于阻碍了投资和经济发展。而利率小幅上涨到更“正常”的水平可能会带来更多没有通胀风险的投资。

举个例子，接近于零的短期利率如何能抑制私人投资，试想银行接受存款并且发放新贷款，期限三个月。传统的存贷利差约为 3 ~ 3.5 个百分点。银行利用这个利差可以贷款给中小企业。向这些所谓的中小企业发放贷款，借贷的每一美元要承担适当的风险和更高的行政成本。为了提高其整体投资组合的安全性，银行还可以向更大、更多发展成熟的企业提供更大金额的贷款。然后，由于短期利率被压缩到接近零了，大公司借款者发现，直接向其他公司、养老金、货币市场共同基金出售短期商业票据融资的成本要比银行贷款的利率低得多。这就把较高风险组合贷款，特别是对中小企业组合贷款留给小银行处理。这同时需要增加银行资本支持高风险的负债，所以它们可能反而减少其贷款组合的规模。

同时，当利率接近于零时，规模较小的银行不容易从其他银行借入资金，用以向企业提供贷款。由于收益甚微，特别是在对方的适度风险面前，其他银行不愿意出借超额准备金，而会选择持有超额储备。

随着利率的下降，货币市场共同基金会购买评级较高的商业票据和其他短期金融工具。然而，如果短期利率接近于零，这些货币资金担心“跌破 1 美元”。即使是一个小的来自客户未能偿还引起的共同基金投资组合不利随机冲量都可能危及该基金支付存款人利息的能力。这意味着储户可能会每投入 1 美元只得到 99 美分。这些货币市场共同基金发起人，通常是银行，会猜想跌破 1 美元的信誉成本，所以他们可能关闭货币市场共同基金或者限制新的存款。

尽管在超低利率环境下获得短期融资存在困难，难道那些大的知名企业不能继续通过出售长期债券得到它们需要的投资基金吗？

这里的问题是，几年来由于银行和其他金融机构习惯了近零的利率和票面利率较低的累积债券，它们陷入难以逃脱的陷阱。并且这个陷阱即使对寻找直接长期融资的企业也存在负面影响。

在2013年5月22日的国会听证会上，美联储主席伯南克建议中央银行应放慢也就是逐渐退出长期国债和其他长期证券的巨额购买——这种购买旨在使长期利率保持较低水平，之后，这个陷阱就揭示给公众了。

伯南克主席谨慎地“对冲”了他的声明。他说，在退出量化宽松之前，必须满足经济复苏的某些先决条件，尤其是失业率要迅速降到6.5%。但是市场忽略了这些警告。之后，美国长期利率从1.5%上升到2.5%，全球股票市场在随后四天跌得一塌糊涂。伯南克在2013年6月19日的新闻发布会上谨小慎微地后退说，货币会在可预见的未来保持宽松。但是，低利率陷阱对长期债券市场的有效性有不利影响。

中央银行带来了什么？安德鲁·霍尔丹，英格兰银行一位高级官员，于2013年6月12日在自己的银行宣布：“我们必须清楚，我们已经在全球范围内制造了有史以来最大的政府债券泡沫。我们要警惕泡沫会比（我们）原本想象更快破灭的后果。”

试图刺激总需求和降低失业率，中央银行已经把利率降得太低，以限制短期和长期商业投资的方式不经意地扭曲了金融体系。这个名不符实的货币政策刺激实际上正在阻碍经济增长。

美联储、英格兰银行、日本银行和欧洲央行都已经使用量化宽松货币政策压低长期利率。结果是，主要工业经济体都大大推高了银行和其他金融机构持有的政府债券以及其他长期债券的市值。现在各中央银行担心长期利率上升到正常水平，因为他们国家的商业银行会遭受巨大的资本损失，简言之，它们将“被剥夺资本”。

但是债券价值混乱的可能性也使得企业寻求长期融资更加困难。面对巨大的利率波动，在美国，债券市场的交易员由于相关风险正在削减库存。

在2009年，当美联储启动量化宽松货币政策时，在长期利率下降的同时，债券和股票价格上涨从而刺激经济——短命的蜜月。到了2013年，由于多年低迷的市场利率，长期债券利率已经很低，市场利率的任何显著上升都会导致这些债券的资本价值突然下降。即使仅仅讨论美联储量化宽松货币政策计划退出的可能性，也会因预期效应使债券市场产生强烈的波动——抑制为国内投资融资的新的债券供应。伯克南先生关于退出的声明阐明了退出如何发生：新债券和股票的发行被搁置。

2013 年政府债券泡沫的破灭？

工业化国家中央银行走出为自己设定的债券泡沫陷阱的方法尚不清楚，可能在金融上非常混乱。

对主要的中央银行——美联储、英格兰银行、日本银行和欧洲央行，最直接的方法是承认它们在推动超低利率追求非货币性目标（如失业率）上存在错误。正如米尔顿·弗里德曼在他著名的 1967 年美国经济学会主席就职演说中告诉我们的那样，“货币政策的角色”，中央银行不能（不应该）持续地以非货币目标——如失业率作为正常目标，失业率由很多其他因素决定。

四个中央银行可着手以协调的方式缓慢增加短期利率到同一适度的目标水平，比如 2%。协调是减小对汇率负面影响的关键。然后我们的四方集团应该逐步退出量化宽松货币政策，使长期利率重新由市场决定。整个过程应该是透明的，以便“市场”知道这项新政策的终结点。

如果市场开始相信他们的政府在期限不定的将来将实现短期利率接近低水平，为 2%，那么随着量化宽松货币政策的结束，长期利率是可以计算出来的。记住，市场决定的长期利率只是短期利率的数学期望加上流动性溢价。

否则，当中央银行失控时，一国或多国政府债券价格泡沫可能会自行破灭。长期利率将更迅速、不稳定地上升。除了扰乱工业国自身，更多的热钱会撤出新兴市场，迫使他们进行干预以稳定本币对美元的汇率。他们将不得不动用其官方外汇储备，因此出售其部分美国国债。这当然会加剧美国的长期利率上升的压力。如果出现热钱从新兴市场经济体外逃，其经济增长将远远慢于图 10 所示的水平。

随着美国国债长期利率的上行和波动，这一不幸的情景将会变成现实（图 1）。但只有时间会证明一切。

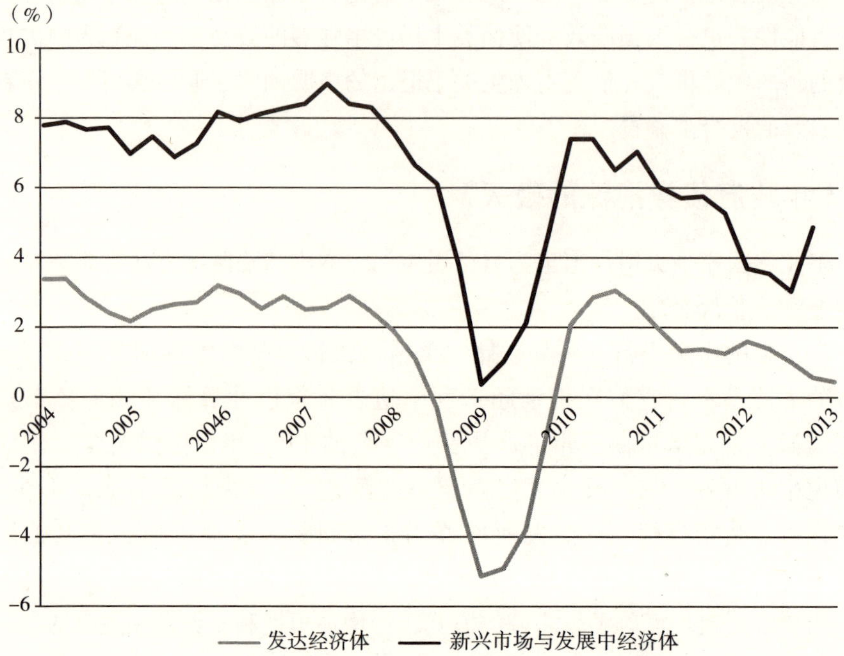

图 10　GDP 增长率：发达经济体对比发展中经济体

资料来源：IMF

改革论坛

Reform Forum

Comparative

深化财税体制改革
基本思路与政策建议

中国国际经济交流中心财税改革课题组

我国经济持续30多年高速增长，与财税改革的推进密不可分，在几轮重大的经济体制改革中，财税改革都成为先行者和突破口。随着我国经济总量的持续增长，经济结构失衡、资源环境瓶颈、收入分配不公、社会矛盾积累等问题凸显。财政是政治、行政和经济体制的联结点，我国社会经济发展中面临的新情况、新问题、新矛盾，均直接或间接与财政关联，都需要在深化财税改革及其配套改革中加以解决。“十二五”期间，在矛盾凸显的挑战与压力面前，财税改革必须实现阶段性重点突破，不能拖、不容拖，也不敢拖了。

一、财税改革的成就、经验和挑战

（一）财税改革的简要回顾

上世纪80年代以来，我国以放权让利和“分灶吃饭”财政体制为突破口，启动经济体制改革。1993—1994年，以统一财务会计制度起步，实行税利分流制度开路，统一税制为主旋律，初步理顺了国家与企业的分配关系，特别是以分税制改革结合转移支付制度理顺了中央与地方的分配关系。这是新中

* 本文为中国国际经济交流中心财税改革课题组的研究报告。课题组指导人：刘克崮；组长：贾康（财政部财科所所长）、高培勇（中国社科院财经战略研究院院长）；副组长：满燕云（北大—林肯研究中心主任）。课题组成员成员：杨志勇、梁季、刘威、蒋震、赵全厚、于长革、施文泼、刘红灿、刘微、贾英姿、汤林闽、苏京春、何杨。本报告主要执笔人：刘克崮、贾康、于长革、杨志勇、蒋震、赵全厚、刘红灿、刘威。

国成立以来规模最大、范围最广、内容最深刻的一次财税改革，使我国初步建立了适应社会主义市场经济的财税体制基本框架，奠定了国家长治久安的基础。1998 年以来，以公共财政为导向，我国又实行了部门预算、政府收支分类、收支两条线、国库集中收付、完善税制等多项改革，提高了财政收支管理的制度化、规范化、科学化水平。

（二）财税改革的成就

历经 30 余年的财税改革取得了重大成果，形成了稳定的财政收入增长机制和支出均衡机制，建立了制度化、规范化的财政运行制度体系；规范了政府、企业、个人之间的分配关系，促进了政府职能转变和企业公平竞争市场体系的形成，市场配置资源的基础性作用显著增强；建立健全了包括预算、税收、国债等调控工具在内的一整套比较完善的财政宏观调控体系，有效地发挥了财政在国民收入分配、经济发展和社会稳定中的调节作用；既有效履行了财政自身职能，又有力支持了“三农”、国有企业、投融资、外贸、价格等方面的改革，促进了经济和社会事业的全面发展。

（三）财税改革的主要经验

历经 30 余年的财税改革不仅取得了巨大成就，而且积累了极其宝贵的经验：

第一，财税改革要坚持正确的方向，坚持中国特色社会主义，坚持改革开放，促进经济、政治、文化、社会、生态文明的全面、协调、可持续发展。

第二，财税改革成功的关键在于建立规范的、与时俱进的、可持续的制度体系。必须着眼长远，适应经济改革与发展的要求，不断调整与完善财税体制。

第三，财税改革要统筹兼顾，正确处理好国家与企业、个人，中央与地方，以及部门间、地区间、全局与局部、长远和眼前等各方面利益关系。

第四，财税改革要正确处理好“渐进”与“突变”的关系，在战略性、历程性渐进式改革中，要审时度势、不失时机有重点地实施阶段性突变，突变中也要协调好各方面关系，实现平稳过渡，避免大起大落。

第五，财税改革要有强有力的领导、科学的方案、各方的支持和精心的操作。

（四）历史的局限和现时的不足

当然，我们也要看到，现行财税体制运行中依然存在许多不足之处，如政府与市场、政府与社会的功能界定不够明确、政府间责权划分不够清晰、地方税体系不够健全、转移支付制度不够完善、支出管理有待强化、公共财政体制建设不到位等等，特别是省以下广为人们诟病的基层财政困难、大量隐性负债和短期行为特征明显的“土地财政”问题。其中，有些是1994年财税改革时，为保证改革方案顺利出台而暂时搁置的问题；有些是当时认识到，但因主客观条件不具备未及时深入的问题；有些是随着改革和发展环境的变化，在财税领域出现的新情况和新问题。这些都需要我们在下一阶段改革中深入研究，集中力量加以解决。

（五）新一轮财税改革面临的新情况、新问题、新挑战

当前，我国仍处于大有作为的战略机遇期，也处于改革深水期，财税改革艰难而复杂。

从国际来看，世界经济进入长期复杂严峻的低速调整期，我国改革与发展面临的国际环境依然十分复杂，仍可能受到外部冲击。

从国内来看，我国经济发展中长期积累的一些深层次矛盾未能得到根本解决，又出现了一些新的矛盾和问题。主要有四点：

一是经济发展方式仍然粗放，质量不高，能耗过大，效益下降，生态环境恶化。

二是经济结构失衡，产能过剩，需求下滑，产业升级和服务业发展滞后。

三是国民收入分配不合理，企业所占份额提高过快，行业间利益悬殊，居民所占份额下降较多，居民内部和城乡间、地区间的差距仍然较大，基尼系数高达0.47以上。

四是财政收入增幅逐步回落，而财政支出依然刚性增加，收支矛盾日趋尖锐。

面对复杂的财政经济形势和突出矛盾，仅靠局部的、浅层次的政策性操作难以奏效，必须依靠整体的、根本性的改革解决问题。并且，如果不能在短期内使改革有较大突破、缓解各种矛盾、加快经济发展方式的转变，不但会丧失发展机遇，还可能使各种矛盾集中爆发，危及国家稳定和长治久安。

二、我国财税体制运行中的突出矛盾和问题

（一）政府职能界定不够明确

政府和市场、政府与社会在资源配置中的地位、作用不清，财政职能存在缺位、越位、错位情况。

（二）政府间责权划分不够清晰

一是政府间职责、事权划分不清。中央与地方之间、省以下各级政府之间职责、事权界定不明晰。

二是地方税体系建设严重滞后，地方政府缺乏稳定的收入来源。目前看，五级政府间的收入划分以共享收入为主。地方税收收入中，大宗税种仅有营业税，而由于营业税易重复计征，不利于产业分工细化，“营改增”全面推开后，设置和培养地方稳定税源、构建可持续的地方税体系迫在眉睫。

三是转移支付总量过大，且存在一定程度的不规范问题。2012 年，中央和地方政府收入占比分别约为 48% 和 52%，支出占比分别约为 15% 和 85%，约 33% 的收入由中央先集中再向地方转移，涉及资金规模近 4 万亿元。其中，专项转移支付规模过大，项目又过于细碎，要求地方配套资金过多，隔层转移多，容易造成效率损失。

（三）政府收入体系存在结构性问题

政府收入总量中可统筹的公共财政收入比重偏低，规范程度不足。2012 年，全国公共财政收入（包括税收收入和非税收入）占全口径政府收入的比重为 71.6%，不可统筹的（包括社会保险基金、政府性基金和国有资本经营预算）占 28.4%。从税制结构看，近些年，我国间接税收入占比接近 70%，高于经济合作与发展组织（OECD）各成员国；适于作为地方大宗财源的资源和财产类收入占比较低，个人所得税占比过低，难以充分体现量能负担原则，也成为地方税体系薄弱的重要原因。

（四）预算体系部门色彩明显，制衡机制较弱

在全口径政府收入中，除政府公共预算可以统筹使用外，不能统筹的政府性基金、社保和国资预算等三项均具有明显的部门色彩。预算透明度不高，不利于预算监督。预算的编制、审议、执行、监督各环节之间的制衡机制不强。

（五）财政支出管理亟待进一步强化

一是财政支出结构不尽合理，经济建设支出依然偏高，行政管理费支出总量较高、结构不合理，人员经费严重拖欠，严重挤占了其他必保支出。

二是支出绩效理念不牢，目前仍未形成统一的绩效评价体系，财政支出绩效难以保障。

（六）财税其他领域的矛盾与问题也较为突出

一是地方债务管理制度欠缺，政府债务风险增大。地方政府通过地方融资平台等非正规方式举债，随意性强，收支不透明，资金使用效率低，债务风险增大。根据国家审计署数据，2010 年底地方政府性债务余额共计 10.7 万亿元，约占当年全国 GDP 总额的 27.4%。据国际货币基金组织的估算和北大—

林肯中心调查推算，全国地方债总规模约为25万亿元左右。地方债的审批、发行、使用、统计、监督各环节均缺乏基本、完整的制度，数据准确性和透明度极低，财政部门不能全面掌握债务信息。

二是财税基础信息缺失，没有全国性的信息系统。财政收入、支出及其相关信息尚未形成共享机制，严重制约财税管理效率的提高和重大改革科学决策方案的设计实施。

三是国有企业与国有资源管理存在缺陷。国有资本经营预算范围不完整，金融企业和铁路、交通、教育、文化、科技、农业等部门所属中央企业均未被纳入中央国有资本经营预算范围。国有资本经营收益上缴比例偏低，支出主要用于体内循环；国有资源的价格机制不到位，比价扭曲，使用成本偏低，国家资产负债表的规范编制仍然处于“空白”状态。

四是急需推进配套改革。在需要市场发挥资源配置作用的领域，仍然存在政府干预过多的问题，金融制度亟待创新，土地制度的改革思路需要厘清，其涉及的有关法律、法规应加快完善；资源、能源等基础产品的比价关系和价格形成机制急需理顺。当前，单项改革难以推进，必须整体协调、通盘设计、配套推进。

三、下一阶段财税改革的基本思路和主要任务

财政是经济的重要组成部分，直接服务于转方式、调结构；财政也是行政和政治的组成部分，将制约或推动行政和政治体制改革；同时，财政又是社会、文化、生态各领域的重要支撑，牵一发而动全身。因此，下一阶段的财税改革要在全面服务于经济、政治、社会、文化、生态各领域改革的基础上，在调整分配结构特别是合理界定政府职能、理顺政府间财政关系、改革税收制度、优化支出结构、强化预算管理、规范政府债务、健全信息系统等方面深入推进。同时，加强财税改革与价格、土地、金融等项改革的配套联动。

（一）明确界定政府职能和职责范围

政府与市场、社会之间关系的正确处理决定政府职能的合理化，政府职能、职责及履责权限决定政府支出责任。因此，行政体制和财税体制改革的核心是正确处理政府与市场、社会的关系，划清政府与市场、社会的边界，必须尊重市场规律，让市场充分起作用，以公众利益最大化和维护社会正义为基点，恰当、适度地发挥政府作用，充分发挥市场在资源配置中的基础性作用，充分发挥人民群众和社会力量在经济发展和社会进步中的基础性作用。应遵循“市场、社会优

先”的原则，凡市场、社会能做好的就交由市场和社会去做；凡市场、社会能做但做不到位的，由政府发挥辅助作用；凡市场、社会做不到的，由政府牵头承担或组织相关资源配置。创新政府履行职能方式，充分引入市场机制。

一句话，在社会主义市场经济条件下，我国的政府职能应定位在“国家安全、民生保障、公共服务、运行有序、国有资产”，具体包括以下五大类：

第一类：国家主权和政权运转。一是维护国家独立、主权和领土完整；二是维持国家机器运转、维护社会秩序、保障人民群众正常生产生活和权益。

第二类：民生保障和公共事业。一是广义概念。教育、公共卫生、医疗、文化、科技、社会保障等；二是狭义概念。上述公共事业的基本下限标准，包括基础教育，基本公共卫生，基本医疗，基本文化，基础科技，基本养老、医疗、失业保险和低保。

第三类：公共设施和市政工程。一是事关国计民生的能源、交通、水利等基础设施；二是城镇市政工程设施。

第四类：市场监管和经济调节。一是建立市场规则，维护市场秩序。对于外部性、垄断、信息不对称的治理；二是宏观调节。调节经济周期、经济结构、收入分配，协调地区发展。

第五类：国有资产和公共资源。一是经营性国有资产。二是行政事业单位国有资产。三是国有土地、矿产等自然资源。

由上述五大政府职能派生出以下十五项政府基本职责：

1. 国家主权和政权运转

①国际合作、国际组织、国际事务和国际关系

②服务国家主权的职责

③国家立法、司法、行政

④维护社会秩序的职责

2. 民生保障和公共事业

⑤人民群众基本生存条件

⑥基本民生保障

⑦一般公共服务

3. 公共设施和市政工程

⑧提供电力、油气等基础产业，以及铁路、公路、航空、水运、通讯、邮电、水利等基础设施

⑨提供城镇给水、排水、供气、供热、城市道路、公共交通、供电、环境卫生、垃圾处理、园林绿化等市政公用设施

4. 市场监管和经济调节

⑩建立市场规则，规范微观行为，维护市场秩序，保证微观主体运行的市场环境

⑪调节经济周期波动、产业结构、充分就业、稳定物价、国际收支平衡、促进经济增长

⑫调节国民收入分配格局中的国家、企业、个人分配占比结构及三部门内部的分配关系

5. 国有资产和公共资源

⑬经营性国有资产：国有金融和非金融企业

⑭行政事业单位国有资产

⑮国有土地、矿产、水源、森林、草原、滩涂、大气、空域等自然资源

（二）理顺政府间职责和财政关系

理顺政府间财政关系的目标是在“扁平化”框架下建立中央、省、市县三级政府间职责与财权的划分体系。

按照职责的承担主体标准，可将政府职责分成四类：独立承担职责、共同承担职责、上级政府委托性职责和上级政府引导性职责。从国际政府间财政关系的借鉴来看，人类智慧的结晶和典型经验是：在各级政府间，“拿自己的财办自己的事，效率最高；拿别人的财办自己的事，效率其次；拿别人的财办别人的事，效率最低”。因此，处理政府间财政关系的总体原则是：减少职责共担，尽可能减少共享税。赋予各级政府相应的财权，以满足其承担职责的需要。

1. 政府间职责和支出责任划分方案

（1）改革要点

第一，细化职责类型，尽可能做到各级政府明确拥有大部分独立承担职责，减少共同承担职责，辅之以少量上级委托性职责和引导性职责。

第二，将部分现有地方政府承担的职责，上收至中央政府，包括司法、民兵、边境、边防、海关、国税等中央执法机构的工作设施费用。

第三，中央政府本级独立承担的职责力争做到自己完成，少用共同承担的方式，按照区域或者省市两级建立自己的垂直派出机构，负责直接支出和委托支出的监督。

第四，按照国际通用的三级政府的行政架构来划分职责。中央政府负责“兜底”，承担好提供基本公共服务的职责。例如，基础教育（中小学）、基本医疗、基本养老、基本住房、基本失业、基本公共卫生、基本就业、城乡居民最低生活保障。同时，做实市县级政府，明确其功能，定位于提供改善性公共服务、市域基础设施、当地治安。

（2）划分方案

借鉴国际经验，按照受益范围、能力、效率、规模经济、外部性、信息充分性和激励相容为基本原则，各级政府的职责尽可能由本级政府承担，尽量减少职责共担，逐步改变中央下指令、地方执行的状况。中央政府单独承担的职责，由中央自身的机构完成；中央自身机构能力不足的，首先应加强中央自身能力建设。职责划分尽可能细化、可执行。中央政府着重抓大事、抓影响全局的事，地方政府能履行的职责尽量交给地方。加快深化中央、省及省以下行政管理体制改革、行政区划调整和财政体制改革，相应进行立法保障，提高政府间职责和事权划分的稳定性（见表1）。

第一，中央政府的职责。一是国家主权和政权运转。包括：加入国际组织，多边与全球性谈判，国际合作；外交、国防（军队）、国家安全、边防、海关、反恐；全国人民代表大会、全国政治协商会议、执政党、中央政府、法院、检察院；公安、消防、武警。二是民生保障和公共事业。保证饮水、空气、食物的安全性等人民群众基本生存条件；提供教育、公共卫生、医疗、文化、科技、社会保障的基本下限标准；国家级重点高等教育；国家级疾病防控、国家级三级甲等医院、重大公共卫生突发性事件；高能物理、航天、数学、力学等国家级和基础性科研项目；国家级自然保护区；三江源保护、三北防护林建设、荒漠化治理等跨区域环境保护。三是公共设施和市政工程。全国性跨地区跨流域水利设施、全国性电网、主干邮电通信网络、高速铁路和主干线普通铁路、国家级港口、全国性和区域性航空枢纽；跨区域资源保护与开发；原油、稀土、粮食等全国性战略物资储备。四是市场监管和经济调节。规范微观行为，维护市场秩序，保证微观主体运行的市场环境；调节经济周期、保持经济增长、调节产业结构、充分就业、稳定物价、国际收支平衡；国家经济和社会发展规划、全国性经济结构调整、财政与货币政策、金融监管、经济运行秩序及稳定；国家级农业开发；跨区域综合经济开发协作；调节国家、企业、个人分配占比结构，及三部门内部的分配关系。调节政府层级间、产业行业间、个人间以及城乡间、地区间分配关系。五是国有资产和公共资源。中央级金融和非金融企业国有资产；中央级行政事业单位国有资产；全国性和跨地区的自然资源，包括国有土地、矿产、水源、森林、草原、滩涂、大气、空域。

第二，省级政府的职责。一是国家主权和政权运转。包括：省级国际合作；省人民代表大会、省政治协商会议、省委、省政府、省级法院、省级检察院；省级公共安全（含警察）。二是民生保障和公共事业。在国家基本公共事业的下限标准之上，根据本省的财力状况，适当增加的基本公共事业标准；省级高等和专业中等教育；省级疾病防控与环境卫生、健康医疗体系建设、省级医院、省级公共卫生突发性事件；科学研究与技术研发应用、省级科研项目；省级自然保护区；省域内和跨市县环境保护；基本住房保障。三是公共设施和市政工程。省域性和跨市县的基础设施建设与维护（包括水利设施、支线电力设施、支线邮电通信网络、国道及省道公路、支线普通铁路、港口、省级航空枢纽）；省域资源保护与利用；省域重要物资储备（粮、棉、食用油等）。四是市场监管和经济调节。省域市场秩序稳定、省级金融监管（省域内非公众、非存款类金融机构监管及民间金融引导）；省级发展规划、省域经济结构调整；省级农业开发（包括省内山区、流域开发、省内扶贫）；全省范围内的数据统计；省域收入分配调整和就业促进。五是国有资产和公共资源。省级金融和非金融企业国有资产；省级行政事业单位国有资产；跨市县的自然资源。

第三，市县级政府的职责。一是国家主权和政权运转。包括：市县人民代表大会、市县政治协商会议、市县委、市县政府、市县级法院、市县级检察院；辖区内治安和社会稳定。二是民生保障和公共事业。在国家基本公共事业的下限标准之上，根据本市县的财力状况，适当增加的基本公共事业标准；二级医院；市县级文化体育设施；幼儿园教育、中小学教育、成人教育；人口和户籍管理；社区服务。三是公共设施和市政工程。地市县级基础设施建设（省道、市县级公路建设）；城市道路；辖区内公共交通网络建设与运营；城市和县域规划；市政公用事业（包括给水、排水、供电、供气、供热、公共交通、能源利用、园林绿化）、垃圾与污水治理、环境卫生、环境保护与污染治理。四是市场监管和经济调节。市县辖区内市场秩序稳定；市县级发展规划、市县经济结构调整；市县范围内的数据统计；市县辖区内就业促进。五是国有资产和公共资源。市县级金融和非金融企业国有资产；市县级行政事业单位国有资产；市县辖区内的自然资源。

第四，委托性职责与引导性职责。这部分职责较少，仅发挥辅助性作用，包括：一是委托性职责。中央政府出资，省/市县政府负责协调推动和操作实施。包括：城乡居民最低生活保障；小学和初中教育及校车；社区医院和乡镇卫生院；大灾大难救助和灾后重建；社会救济社会优抚；经济建设项目；人口普查；省级政府出资，市县政府负责协调推动和操作实施。包括：基本住房保障；经济建设项目。二是引导性职责。上级政府拿出一部分资金，下级政府配套一部分资金，来鼓励引导下级政府承担某些职责。包括：战略性新兴产业发展、具有地方特色的产业发展。

表1　政府间职责和支出责任的界定

中央政府独立承担职责	国家主权与政权运转	①国际合作、国际组织、国际事务和国际关系：加入国际组织，多边与全球性谈判，国际卫生、教育、科技、文化合作。 ②服务国家主权的职责：外交、国防（军队）、国家安全、边防、海关、反恐。 ③国家立法、司法、行政：全国人民代表大会、全国政治协商会议、执政党、中央政府、法院、检察院。 ④维护社会秩序的职责：公安、消防、武警。
	民生保障和公共事业	⑤人民群众基本生存条件：饮水、空气、食物的安全性。 ⑥基本民生保障：基本公共事业的基本下限标准，包括基础教育（如幼教、中小学、特殊教育）、基本公共卫生（如传染病、精神疾病防治）、基本医疗（如综合性和专科医院、社区医院、乡镇卫生院）、基本文化（群众文化、非物质文化遗产）、基本社会保障（基本养老保险、基本医疗保险、基本住房）。 ⑦一般公共服务：国家级重点高等教育；国家级疾病防控、国家级医院（三级甲等医院）、重大公共卫生突发性事件；国家级和基础性科研项目（例如高能物理、航天、数学、力学等）；国家级自然保护区；跨区域环境保护（例如三江源保护、三北防护林建设、荒漠化治理等）。
	公共设施和市政工程	⑧基础产业和基础设施：全国性和跨地区基础设施建设（全国性跨地区跨流域水利设施、全国性电网、主干邮电通信网络、高速铁路和主干线普通铁路、国家级港口、全国性和区域性航空枢纽）；跨区域资源保护与开发；全国性战略物资储备（例如原油、稀土、粮食等）。

续表

中央政府独立承担职责	市场监管和经济调节	⑩市场规则：规范微观行为，维护市场秩序，保证微观主体运行的市场环境。 ⑪宏观经济调节：调节经济周期、保持经济增长、调节产业结构、充分就业、稳定物价、国际收支平衡；国家经济和社会发展规划、全国性经济结构调整、财政与货币政策、金融监管、经济运行秩序及稳定；国家级农业开发（例如农业经济结构调整、土地整理、粮食收购、国家级扶贫）；全国范围内的基础数据统计；跨区域综合经济开发协作；其他跨区域合作事项。 ⑫调节收入分配：调节国家、企业、个人分配占比结构，及三部门内部的分配关系，调节政府层级间、产业行业间、个人间以及城乡间、地区间分配关系：全国性就业和收入分配调节政策。
	国有资产和公共资源	⑬经营性国有资产：中央级金融和非金融企业。 ⑭行政事业单位国有资产：中央级。 ⑮自然资源：全国性和跨地区的自然资源，包括国有土地、矿产、水源、森林、草原、滩涂、大气、空域。
	委托省/市县政府执行的职责	中央政府出资，省/市县政府负责协调推动和操作实施。包括：城乡居民最低生活保障；小学和初中教育及校车；社区医院和乡镇卫生院；大灾大难救助和灾后重建；社会救济社会优抚；经济建设项目；人口普查。
省级政府独立承担与执行	国家主权与政权运转	①国际合作、国际组织、国际事务和国际关系：省级国际合作。 ③国家立法、司法、行政：省人民代表大会、省政治协商会议、省委、省政府、省级法院、省级检察院。 ④维护社会秩序的职责：省级公共安全（含警察）。
	民生保障和公共事业	⑦一般公共服务：在国家基本公共事业的下限标准之上，根据本省的财力状况，适当增加的基本公共事业标准；省级高等和专业中等教育；省级疾病防控与环境卫生、健康医疗体系建设、省级医院、省级公共卫生突发性事件；科学研究与技术研发应用、省级科研项目；省级自然保护区；省域内和跨市县环境保护（包括省内湖泊、河流、大气污染防治等）；基本住房保障。
	公共设施和市政工程	⑧基础产业和基础设施：省域性和跨市县的基础设施建设与维护（包括水利设施、支线电力设施、支线邮电通信网络、国道及省道公路、支线普通铁路、港口、省级航空枢纽）；省域资源保护与利用；省域重要物资储备（粮、棉、食用油等）。

续表

省级政府独立承担与执行	市场监管和经济调节	⑩市场规则：省域市场秩序稳定、省级金融监管（省域内非公众、非存款类金融机构监管及民间金融引导）。 ⑪宏观经济调节：省级发展规划、省域经济结构调整；省级农业开发（包括省内山区、流域开发、省内扶贫）；全省范围内的数据统计；跨市县合作项目。 ⑫调节收入分配：省域收入分配调整和就业促进。
	国有资产和公共资源	⑬经营性国有资产：省级金融和非金融企业。 ⑭行政事业单位国有资产：省级。 ⑮自然资源：跨市县的自然资源。
	委托市县政府执行的职责	省级政府出资，市县政府负责协调推动和操作实施。包括：基本住房保障；经济建设项目。
市县政府独立承担与执行	国家主权与政权运转	③国家立法、司法、行政：市县人民代表大会、市县政治协商会议、市县委、市县政府、市县级法院、市县级检察院。 ④维护社会秩序的职责：辖区内治安和社会稳定。
	民生保障和公共事业	⑦一般公共服务：在国家基本公共事业的下限标准之上，根据本市县的财力状况，适当增加的基本公共事业标准；二级医院；市县级文化体育设施；幼儿园教育、中小学教育、成人教育；人口和户籍管理；社区服务。
	公共设施和市政工程	⑨市政公用设施：地市县级基础设施建设（省道、市县级公路建设）；城市道路；辖区内公共交通网络建设与运营；城市和县域规划；市政公用事业（包括给水、排水、供电、供气、供热、公共交通、能源利用、园林绿化）、垃圾与污水治理、环境卫生、环境保护与污染治理。
	市场监管和经济调节	⑩市场规则：市县辖区内市场秩序稳定。 ⑪宏观经济调节：市县级发展规划、市县经济结构调整；市县范围内的数据统计。 ⑫调节收入分配：市县辖区内就业促进。
	国有资产和公共资源	⑬经营性国有资产：市县级金融和非金融企业。 ⑭行政事业单位国有资产：市县级。 ⑮自然资源：市县辖区内的自然资源。

注：此外，还有一些引导性职责。它是指中央政府鼓励省/市县政府，或者省级政府鼓励市县政府承担某些职责，这种情况下，上级政府拿出一部分资金，下级政府配套一部分资金，但引导性职责本身还是下级政府的职责。包括：战略性新兴产业发展、具有地方特色的产业发展。

2. 政府间收入划分方案

借鉴国际经验，按照“多专享税，少共享税”的思路，中央、省和市县三级政府收入的划分应坚持以下原则：一是以效率、公平、征管便利和收入充足为原则；二是要尽量减少共享税，切实增加各层级的专享收入规模；三是要扩大直接税和地方税。实际操作中要与税制改革和地方税体系建设相衔接，如考虑做大资源税、环境税、房产税和其他类型财产税，增加直接税比重，支持地方税体系建设。政府间收入划分的具体方案详见表2。

（1）改革要点

一是完善中央税。主要是一般纳税人增值税、出口退税，海关代征进口环节消费税和增值税，关税，资源性消费税（烟、酒）、燃油消费税（如在生产环节征收）、船舶吨税、海洋油气资源税、内陆油气及特大型矿产类资源税（中央70%）、个人所得税（中央50%）、企业所得税（中央50%）、遗产税（尚未开征，中央40%）、证券交易印花税（维持现行分配比例）。基本养老保险缴费、基本医疗保险缴费。中央级政府性基金，其中土地出让金收入（中央30%）。中央级国有资本经营收益上缴部分。中央级非税收入。

二是调整并逐步减少中央和地方共享税。取消“两税”基数返还办法。取消增值税共享。在“营改增”试点过渡期结束后，停止试点行业增值税收入归地方的办法，其相应利益在扩大地方税、“营改增”后保留金融业以及与增值税链条无关或关联很小的生活性服务业营业税、规范中央和地方共享税费制度、改进转移支付制度等改革中予以保证。在企业所得税、个人所得税中央和地方分享比例上，适当调升地方分享部分，调整为5∶5分成。

三是稳定省级收入。小规模纳税人的增值税，金融业和生活性服务业营业税，成品油消费税（如在零售环节征收）、非资源性消费税（大排量汽车、高尔夫球场、奢侈品、鞭炮烟火、汽车轮胎、摩托车、木制一次性筷子、实木地板）、跨省内陆油气及大型矿产类资源税（省30%以下）、中小型矿产类资源税（省50%）、个人所得税（省50%）、企业所得税（省50%）。省级政府性基金，其中土地出让金收入（省30%）。省级国有资本经营收益上缴部分。中央级非税收入，包括牌照和停车场使用费（50%）。

四是充实市县级税收。包括：烟叶税（市县60%）、小型汽车车船税、房产税、土地增值税、契税、耕地占用税、城镇土地使用税、城市维护建设税。市县级国有资本经营收益上缴部分。市县级非税收入。土地出让金（市县40%）。

五是建立中央、地方共享费。将国有土地出让金扣除补偿性成本后的收入统一为土地使用费，作为中央和省、市县三级共享收入，具体共享比例待研究测算，与各项分配调整统筹考虑。

六是赋予地方一定税权，主要是一些地方税的选择权、税率调整权和特定约束条件下的因地制宜设税立法权等权限。

表 2 政府间收入划分方案

政府级次	财政收入类型
中央政府	关税，海关代征进口环节消费税和增值税，增值税（不含纯零售环节）、出口退税（不含最终消费品），资源性消费税（烟、酒）、燃油消费税（如在生产环节征收）、船舶吨税、海洋油气资源税、内陆油气及特大型矿产类资源税（中央 70%）、个人所得税（中央 50%）、企业所得税（中央 50%）、遗产税（尚未开征，中央 40%）、证券交易印花税（维持现行分配比例）。基本养老保险缴费、基本医疗保险缴费。中央级政府性基金，其中土地出让金收入（中央 30%）。中央级国有资本经营收益上缴部分。中央级非税收入。
省级政府	燃油消费税（如在零售环节征收）、非资源性消费税（大排量汽车、高尔夫球场等）、内陆油气及大型矿产类资源税（省 30% 以下）、中小型矿产类资源税（省 50% 以下）、个人所得税（省 60%）、企业所得税（省 60%—70%）、遗产税（尚未开征，省 60%）、证券交易印花税（维持现行分配比例）、环境税（水资源、森林、滩涂，尚未开征）、增值税（纯零售环节）、出口退税（最终消费品）、营业税（营改增完成之后的生活性服务业）、烟叶税（省 40%）、大中型汽车车船税。工伤保险缴费、生育保险缴费、失业保险缴费。省级政府性基金，其中土地出让金（省 30%）。省级国有资本经营收益上缴部分。省级非税收入，其中包括车辆牌照及停车特许权使用费（50%）。
市县政府	烟叶税（市县 60%）、小型汽车车船税、房产税、土地增值税、契税、耕地占用税、城镇土地使用税、城市维护建设税。市县级国有资本经营收益上缴部分。市县级非税收入。土地出让金（市县 40%）

3. 政府间转移支付制度改革要点

——减少转移支付事项和总规模。

——优化转移支付结构。减少专项转移支付比重，提高一般性转移支付比重，建立以一般性转移支付为主、专项转移支付为辅的制度体系。

——改进多因素法转移支付制度，建立中央主导的人均财力单因素公式法转移支付。由中央确定规则，按地区人口和财力状况，以全国平均线为基准，超过平均线的地区作贡献，超过越多的贡献越多；低于平均线的地区被帮助，低于越多的被帮助越多。所有地区在全国的排序不变，缩小地区间差距。

——规范并减少专项转移支付。对现有专项转移支付项目进行清理、整合，减少规模，最大限度地降低专项转移支付对地方政府的配套要求，主要用于地方重点公共基础设施补助以及重大灾害救助和突发事件、老少边穷特别补助等。

（三）稳定广义宏观税负，优化税制结构

按照“稳定税负，扩大税基，优化结构，合理分权”的原则，理顺政府、企业与个人的分配关系。

1. 稳定广义宏观税负，即大体稳定政府性收入占GDP的比重

2012年，我国包括公共财政收入、社会保障收入、政府性基金收入、国有资本经营预算收入在内的全口径政府收入，即广义宏观税负占GDP的比重为31.57%，不宜再继续提高，应保持稳定。在国民收入分配中，要降低企业主要是垄断和资源性产业、行业的收入占比，提高居民收入占比。

2. 扩大税基

增加广义税基，以开征房产税的方式增加房地产税收，挤压土地出让金的规模，清理不够合理、规范的收费和政府性基金，尽可能减少、规范非税收入与政府性基金收入。社会保险费转为社会保险税。同时，开辟新税，例如环境税、遗产赠与税。

3. 优化政府收入结构与税制结构

优化税制结构，提高直接税比重，降低间接税比重。扩大资源、财产、环境类税收，健全地方税体系。优化税种的政府层次体系。

——改革增值税：“营改增”，“全抵扣”，“降税率”。积极推进“营改增”改革，在2014年1月1日完成。将目前实行营业税范围内与增值税链条相关性较强的全部转为增值税；目前实行营业税范围内与增值税链条无关或关系较小的商品、劳务继续维持营业税，如金融业、生活性服务业（也可称零售税）；降低增值税标准税率；尽快将不动产所含税款纳入抵扣范围。

——改革消费税：增减税目，差别税率，调整环节。将已成为日常生活用品的消费品剔除（如护肤护发品），将污染重（如电池）、能耗大产品（如大排量轿车）以及奢侈消费品（如私人潜艇、私人飞机）纳入征收范围；对重污染、高耗能、高档奢侈品实行高税率，对节能和环保产品实行低税率或免税；对烟草、成品油仍保留生产环节征税，将其他品目（如奢侈品）的征收

环节后移到消费环节。

——改革资源税：从价计征，扩大范围，清费立税。尽快将煤炭及其他非金属矿原矿、铁矿及其他金属矿等具备条件的税目改为从价计征。对于目前不具备从价计征条件的税目，提高单位税额；扩大资源税征收范围，将水、森林、草原、湿地、滩涂等资源一一纳入；坚持清费立税的原则，将资源税改革与资源收费改革协同推进。

——开征独立的环境税。将目前与环境保护有关的收费项目改为税收，即以“费改税”路径开征独立环境税；逐步将适用范围扩大到更多排放量大的污染物，在全国一次性推广，税率设定遵循“先低后高”的原则。

——改革个人所得税，扩大覆盖面。弘扬全体国民的“国家意识、互助情怀”，按“多数有收入者均纳税、低中收入者低税负、高收入者高税负”的原则，与间接税降负节奏相应，用5—10年将个人所得税纳税人数从目前占全国人口的3%提高到30%以上；建立综合和分类相结合的纳税制度，除资本利得外，先易后难，将个人各类收入均纳入综合课税范围；下调综合所得的最高边际税率，减少税率档次。以家庭为纳税单位，建立差别化费用扣除制度。

——改革房地产税：公平土地税负，强化保有环节。按照“均地负、重保有、合房地、重评估、扣基本、分类率、建系统、渐覆盖、先商（用）豪（宅）后普宅”的思路，推进改革。建议2014年1月1日全面扩大个人住房房产税试点，2015年1月1日起在全国推开；建立基层社区、地方辖区公众参与制定、优化房产税规则的机制；下调过高的住房用地税负，提升过低的工业等用地税负，合理设定公共设施、行政用地税负，提高城乡建设用地综合利用效率；简并流转交易环节税费，重点发展保有环节房地产税，将住房流转带来的增值收入纳入个人所得税改革统筹考虑；计税依据为房屋、土地评估价值，合并评估征收；不同类型的住房税率设定。基本住房扣除，改善性住房低税率，享受与长期投资性住房中度超额累进税率，投机性（短期持有）住房高度超额累进税率；赋予省级政府一定的法规政策制定权，如基本住房扣除、税率设定、实施节奏等，建立、发展评估机构，改进评估方法。

——推进社会保险费改税。在一两年内，将全国社会保险费统一由税务部门征收，妥善安置原社会保险经办机构和人员；实施社会保险费改税，开征社会保障税。在社会保险费统一由税务部门征收后，通过一段时间的运行，在总结经验的基础上建立社会保障税制度。

4. 合理分权，建立与三级相应的税收征管体系

——调整国税、地税征收管理范围，将中央税、中央地方共享税的征收管理权划归国税；将地方税征收管理权划归地税，社会保险缴费征收管理权限与个人所得税保持一致。

——国、地税的全国性信息系统建设，以及税务部门与其他各部门的系统对接，由国家税务总局统筹协调推进。

（四）按照“公开、完整、规范、细化、制衡”的原则，健全和完善政府预算制度

1. 强化预算公开

财政资金源于纳税人，应为纳税人服务。因此，财政预算一定要公开透明，让社会公众知情，并参与监督。在各级各类预算提交本级人大审批时，人大代表可以随时查询预算编制项目的所有相关文件资料。各级人大需要为人大代表提供相关咨询，辅助他们理解预算编制的所有细节。

2. 构建全口径预算管理体系

进一步探索公共财政预算、政府性基金预算、国有资本经营预算与社会保险预算之间的有机衔接制度。减少国有资本经营预算中用于国有经济内部循环的比重，提高国有企业资产收益上缴比例，大幅度增加转入公共财政预算的比重。理顺财政部门和其他部门关系，形成以财政部门统揽政府收支的预算管理体系，实现政府内部的“财政统一”。严禁政府部门抛开预算直接向企业、居民实施财政性分配活动。将减免税规模纳入预算体系。

3. 规范、细化政府收支分类体系

在全口径预算管理体系下调整各子预算的具体收支科目，推进政府会计制度改革，逐步建立包括政府资产负债表在内的政府财务报告制度；加强部门项目预算管理，进一步完善项目绩效管理制度。

4. 完善政府财务报告体系

政府资产负债表能够清晰地反映一国政府财力基础的存量部分。目前，我国尚无真正意义上的政府资产负债表，有必要尽快建立，并逐步细化完善，为防范财政风险提供基础性信息。

5. 试编中期（滚动）预算

在加强预测的基础上，试编3—5年中期滚动式预算，部分引入权责发生制，提升预算编制与管理水平。

6. 研究探索预算制衡机制

借鉴国际经验，结合中国国情，探索将预算的编制、审议、执行、监督相对分开，形成更加有效的制衡机制，优化立法机关、社会公众对预算的监督。

（五）进一步深化支出管理改革

1. 优化财政支出结构

考虑到人员经费上涨、社会保障支出负担较重的现实和趋势，财政支出规模应力求保持行政成本基本稳定，并结合配套改革寻求使其有所下降。支出的主要方向应该定位于加强基本民生保障和一般公共服务、公共基础设施等。

2. 优化支出方式

减少采用专项补贴支持产业、行业发展的方式，审慎、合理地采用税收优惠方式，并探索以“税式支出”的形式将减免税纳入预算管理。公共服务供给要充分将政府与市场结合。中央政府负责提供下限标准的基本公共服务，地方政府根据本身情况在下限基础上提供改善性的基本公共服务，市场提供更高档次的服务。

3. 提高财政支出绩效

在建立健全绩效考评体系、完善绩效评价的基础上，探索引入第三方评价主体，强化绩效审计，加强绩效问责，使有限的财政资金发挥最大的使用效益。要延伸支出队伍，有些职责可科学适度地交由市县级执行。

4. 进一步完善国库集中支付制度和国库现金管理制度

继续完善国库集中支付制度，理顺国库管理制度，探索形成国库现金管理与国债管理相配合的机制，对中央国库短期投融资工具灵活使用、加强管理，用好国债回购和逆回购投资工具，增加发行短期国库券等融资方式。

5. 完善政府采购制度

坚持集中采购为主的改革方向并不断优化方式，以公务卡等方式强化小型分散采购，积极发展公共服务事项的政府采购，提高财政资金使用效率。

（六）完善政府债务管理制度

1. 完善国债运行及国债余额管理制度

进一步明确债务规模和期限管理的具体办法；积极发挥国债在协调财政与货币政策、稳定市场预期方面的作用，构建既满足国家借贷需要又有利于风险管控的债务治理框架。优化中央预算稳定调节基金管理使用办法。

2. 建立、健全地方债务管理制度

赋予地方政府有限发债权，发挥财政部门在地方政府债务管理中的主导作用。建立全面的地方债务风险治理机制，对政府现金和债务进行精细化管理，建立全国统一的地方债统计制度和信息系统、风险实时监测指标体系、信息披露机制，明确地方债规模控制和运行监管的责任机构。

四、财税与其他改革的配套联动

（一）价税财改革联动

加快煤炭、电力等资源、能源价格改革步伐，更好地发挥价格信号（比价关系和价格形成机制）在资源配置中的引导作用。按“从煤到电”的路径重点推进电力部门配套改革和电价改革，强化市场导向下的竞争。工业、商业和民用三大类别电价仍可有所区分，逐步合并工、商用电价，民用电价采用阶梯电价，鼓励居民错峰用电。

（二）建立完备的财税信息数据系统

首先要加快建立财政、国税、地税三家统一的财政收支系统，实现三家信息联网。在此基础上，建立全国统一通用的人、企业、政府、社会机构等社会经济主体的标准化唯一代码制度，各部门采集与其职责相关的与上述主体相对应的地、房、股、债、税等客体的基础性原始信息，建立本部门全国大集中、全覆盖的专业信息系统；进一步形成全国性、综合性多边法定信息互通共享平台，既互通信息，又有限度、受约束、可控制。

（三）积极深化行政管理体制改革

同步推进行政管理体制改革和财税体制改革。按照三级政府级次，加快制定职责、事权划分的规则和细则，改进政绩考核指标。推进的节奏要因省制宜。

（四）深化土地制度改革，建立良性循环的土地财政模式

全面健全城市、农村土地所有权、占有权、使用权、出让权和相关权益制度，理顺城镇化过程中从土地开发开始的不动产形成、交易、持有、税收调节全流程，及相关的利益分配关系。

（五）加快金融改革，与财税改革配套联动

加快存款利率市场化步伐，建立存款保险制度，构建金融风险向财政风险转化的防火墙；降低资本市场税费总体水平，形成抑制短期投机、鼓励长期投资的稳定机制；加强反洗钱制度建设，对大额现金交易强化控制。

读 者 问 卷

非常感谢您对《比较》的支持，为了帮助我们提高工作质量，更好地满足您的需要，请您花一些时间填写本问卷，我们深表谢意！

姓　　名：____________ 电　　话：____________ E-mail:____________

工作单位：________________________ 部　门：____________

通讯地址：________________________ 邮　编：____________

1. 包括本辑在内，您已经阅读了______辑《比较》。

2. 在过去两年中，《比较》发表的哪些文章最让您感兴趣？

____

____

3. 《比较》吸引您阅读的主要原因是什么？

____

____

4. 您对哪些栏目比较关注？以及其他意见：

____

5. 您对《比较译丛》中的哪些著作最感兴趣？

____

6. 您平时最喜欢看的经济学与财经类出版物依次是：

1）________ 2）________ 3）________ 4）________

7. 您通常阅读《比较》的方式是：

□参考卷首语的介绍阅读　□自己选读有关的文章　□几乎全部阅读　□________

8. 您在哪些地方购买或发现《比较》？

□图书馆　□书店　□书报亭　□赠阅　□朋友推荐　□单位订阅　□________

9. 您最希望采用的购买方式是：

□书店零售　□网上购买　□分期邮购　□长期预订　□________

10. 您所从事的职业是：

□研究人员　□教师　□媒体工作者　□政府职员　□专业技术人士

□在校学生（您的专业是□经济学　□政治学　□法学　□社会学　□______）

□其他________________________

11. 您所在单位的类型是：

□学校　□政府职能部门　□政府研究部门　□民间研究机构

□国有企业　□民营企业　□三资企业　□______

12. 您的学历背景是：

□大专及以下　□本科　□硕士　□博士及以上

凡在2014年1月31日（以邮戳为准）前认真详细填写此表并寄回的读者，将有机会获赠下辑《比较》一本。

读者调查表请寄：北京市朝阳区西大望路1号温特莱中心A座16层《比较》编辑室收

邮政编码：100026

电话：010—85905281

传真：010—85905288

E-mail: bijiao@citicpub.com

图书在版编目（CIP）数据

比较.第70辑/吴敬琏主编. —北京：中信出版社，2014.2
ISBN 978-7-5086-3612-2

I. ①比… II. ①吴… III. ①比较经济学 IV. ① F064.2

中国版本图书馆 CIP 数据核字 (2014) 第 010763 号

比较·第七十辑

主　编：吴敬琏
策 划 者：《比较》编辑室
出 版 者：中信出版股份有限公司
经 销 者：中信出版股份有限公司＋财新传媒有限公司
承 印 者：北京华联印刷有限公司
开　本：787mm×1092mm1/16　**印　张**：11.75　**字　数**：200千字
版　次：2014年2月第1版　**印　次**：2014年2月第1次印刷
书　号：ISBN 978-7-5086-3612-2/F·3114
定　价：28.00元